개념 잡는 수학툰

❶ 규칙 찾기에서 피보나치의 수열까지

개념 잡는 수학툰 이렇게 구성되었어요!

판타지 만화로 재미까지 잡는 〈수학툰〉

저자만의 톡톡 튀는 아이디어가 가장 잘 살아있는 꼭지인 수학툰!
어려울 수 있는 수학, 이렇게 재미있게 시작할 수 있습니다.

초·중·고 수학 교과서와 함께 봐요!

초·중·고 수학 교과서는 서로 그 흐름이 연결됩니다. 이 책은 초·중·고 수학 교과서의 흐름을 한 눈에 살펴볼 수 있도록 구성했습니다.

잘 이해했는지 다시 한 번 정리하는 〈개념 정리 QUIZ〉

본문에 나오는 내용을 잘 이해했는지 〈개념 정리 QUIZ〉를 직접 풀어 보고, 부록에 실린 정답 페이지에서 풀이 과정까지 자세히 살펴볼 수 있습니다.

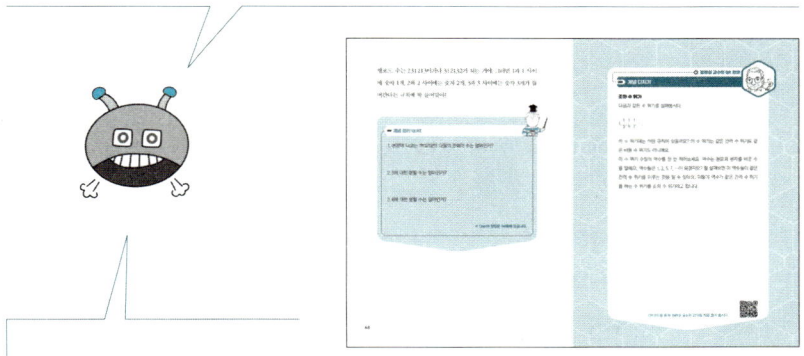

저자 직강 동영상 강좌 연계 〈정완상 교수의 QR 강의 개념 다지기〉

저자가 이 책의 독자들만을 위해 직접 강의한 동영상을 QR코드를 탑재해 연결되도록 구성했습니다. 재미 잡는 수학툰, 풍부한 삽화로 이해를 돕는 본문, 다시 한 번 정리하는 개념 정리 QUIZ에 이어 저자 직강 동영상 강좌를 QR코드로 만나 보세요.

초·중·고 수학 교과서 속 용어가 어려울 땐 이 책에서 연계 용어로 찾아보세요!

이 책에서는 초·중·고 수학 교과서 속 어려운 용어들을 독자들이 이해하기 쉬운 용어로 풀어 썼습니다. 교과서와 자연스럽게 연계가 되도록 용어 정리와 찾아보기 페이지를 함께 두었습니다. 수학 교과서로 공부를 하다가 이해가 잘 안 될 때, 이 책을 읽다가 교과서 속 용어가 궁금할 때는 〈수학 교과서 속 용어 정리 & 찾아보기〉에서 쉽게 찾아보세요.

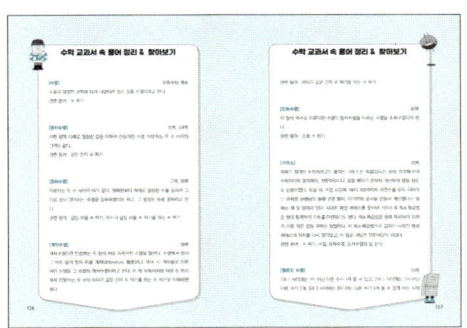

정완상 교수의
개념 잡는 수학툰

❶ 규칙 찾기에서 피보나치의 수열까지

초·중·고 수학 교과서와 함께 읽어요

초등학교 수학	4학년 규칙 찾기 5학년 규칙과 대응 6학년 비와 비율 6학년 비례식과 비례 배분
중학교 수학	1학년 수와 연산 – 정수와 유리수 1학년 문자와 식 – 문자의 사용과 식의 계산 　　　　　　　　– 일차 방정식의 활용 1학년 함수 – 일차 함수와 그래프 2학년 수와 연산 – 유리수와 순환 소수 2학년 함수 – 일차 함수와 일차 방정식의 관계 2학년 확률과 통계 – 사건과 경우의 수
고등학교 수학	수학(하) 함수와 그래프 수학(하) 경우의 수 수학(1) 수열 수학(2) 함수의 극한과 연속

CONTENTS

추천사 1 수학과 삶이 이어지는 경험이 되기를 /// 14
추천사 2 이 책은 새로운 수학 공부 방식을 선물해 줍니다 /// 16
추천사 3 문장제 문제에 약한 친구들도 빠져드는 수학툰 /// 20
서문 수학은 아름답고 재미있는 과목입니다 /// 23
프롤로그 /// 26

GAME 1
같은 간격 수 뛰기

앨리시아로의 여행 /// 30
같은 간격 수 뛰기

토끼와 거북이의 경주 /// 36
같은 간격 수 뛰기의 활용

개념 정리 QUIZ /// 39

정완상 교수의 QR 강의 개념 다지기 /// 40
같은 간격 수 뛰기에서 □번째 수를 구하는 방법은?

- **초** 규칙 찾기, 규칙과 대응
- **중** 수와 연산(정수와 유리수), 문자와 식(문자의 사용과 식의 계산, 일차 방정식의 활용)
- **고** 수열(등차수열, 수열의 합, 수학적 귀납법)

GAME 2
같은 비율 수 뛰기

슬리폰으로부터 마을을 지켜라 /// 44
같은 비율 수 뛰기

은행에서 수 뛰기를 사용한다고? /// 45
은행 이자는 같은 비율 수 뛰기

맬서스의 인구와 식량 문제 /// 48
다른 수 뛰기를 한다고?

개념 정리 QUIZ /// 51

정완상 교수의 QR 강의 개념 다지기 /// 52
같은 비율 수 뛰기에서 □번째 수를 구하는 방법은?

- 초 비와 비율, 비례식과 비례 배분
- 중 문자와 식(문자의 사용과 식의 계산), 확률과 통계, 함수(일차 함수, 이차 함수)
- 고 수열(등비수열, 등비수열의 합), 함수(지수 함수)

GAME 3
차이가 수 뛰기하는 수 뛰기

아이돌 텐시아 /// 55
수들의 차이가 수 뛰기를 한다고?

피타고라스의 도형수 /// 56
수가 도형을 만나다

개념 정리 QUIZ /// 63

정완상 교수의 QR 강의 **개념 다지기** /// 64
차이가 같은 간격 수 뛰기를 하는 수 뛰기의 다른 예를 찾아라!

- 초 규칙 찾기, 규칙과 대응
- 중 문자와 식(문자의 사용과 식의 계산), 확률과 통계, 함수(일차 함수, 이차 함수)
- 고 수열(계차수열)

GAME 4
재미있는 수 뛰기들

보고 말하기 /// 68
수들을 보고 수가 몇 개인지를 말하는 수 뛰기

분할 수 /// 69
자기 자신을 드러내거나 자연수들의 합으로 나타내는 방법

랭포드 수 /// 72
게임 같은 규칙으로 배열된 수

개념 정리 QUIZ /// 74

정완상 교수의 QR 강의 개념 다지기 /// 75
조화 수 뛰기

- 초 규칙 찾기, 규칙과 대응
- 중 확률과 통계(확률과 그 기본 성질 – 사건과 경우의 수)
- 고 수열(조화수열), 경우의 수, 순열과 조합

GAME 5
행복수, 불행수, 큰 기쁨 수 그리고 콜라츠 추측

행복수와 불행수 /// 79
은혜 갚은 제비가 가져다 준 선물

콜라츠 추측 /// 82
모든 자연수를 1이 되게 하는 규칙

큰 기쁨 수 /// 86
각 자릿수의 합으로 나누어떨어지는 수

개념 정리 QUIZ /// 87

정완상 교수의 QR 강의 **개념 다지기** /// 88
과학에 나타나는 수 뛰기

- 초 규칙 찾기, 규칙과 대응
- 중 확률과 통계(확률과 그 기본 성질 – 사건과 경우의 수)
- 고 수열(등차수열, 조화수열), 경우의 수, 함수

GAME 6
피보나치 수 다리를 건너라

피보나치 수 다리를 건너라 /// 92
이웃한 두 수를 더하는 규칙

피보나치 식물원에 핀 꽃들의 비밀 /// 95
네 잎 클로버는 안 된다고?

트리보나치 수 뛰기와 테트라보나치 수 뛰기 /// 97
피보나치 수 뛰기를 응용해 만들었대!

피보나치 수 뛰기의 재미난 성질 /// 98
두 수 사이의 차가 다시 피보나치 수 뛰기를 만든다고?

피보나치 수 뛰기와 계단 오르기 /// 100
피보나치 수 뛰기를 이용해 계단을 오르는 여러 가지 방법들

개념 정리 QUIZ /// 103

정완상 교수의 QR 강의 **개념 다지기** /// 104
피보나치의 토끼

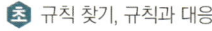 규칙 찾기, 규칙과 대응
 확률과 통계(확률과 그 기본 성질-사건과 경우의 수)
수열(피보나치수열), 경우의 수

GAME 7
황금비 음모론

황금비가 뭘까? /// 107
또 피보나치 수 뛰기 등장!

황금비를 만드는 또 다른 방법 /// 108
자연과 건축물 속 황금비의 실체!

개념 정리 QUIZ /// 114

정완상 교수의 QR 강의 **개념 다지기** /// 115
황금 분할

- 초 규칙 찾기, 규칙과 대응, 비와 비율, 비례식과 비례 배분
- 중 수와 연산(유리수와 순환 소수-유한 소수와 무한 소수)
- 고 수열(피보나치수열), 경우의 수

부록 /// 117
수학자에게서 온 편지 – 가우스
[논문] 1부터 어떤 자연수까지의 합을 빠르게 구하는 방법에 관한 연구

개념 정리 QUIZ 정답 /// 125

용어 정리 & 찾아보기 /// 132

| 추천사 1 |

수학과 삶이 이어지는 경험이 되기를

세상은 무엇으로 만들어져 있을까요? 고대 철학자들은 세상을 구성하는 물질에 관심이 많았습니다. 탈레스는 모든 것이 물에서 시작된다고 보았고, 아리스토텔레스는 세상이 물, 불, 흙, 공기로 구성된다고 보았습니다. 오늘날 사람들의 눈에는 고대 철학자들의 생각이 터무니없어 보일 수도 있을 것입니다. 그렇다고 고대 철학자들의 이런 생각이 헛된 것일까요? 비록 정확하지 않았더라도 세상의 본질을 밝히고자 했던 그들의 노력, 탐구 의식은 높이 평가해야 할 것입니다.

저는 학생들이 고대 철학자와 같은 마음으로 수학을 보면 좋겠습니다. 일상생활에서 마주하는 현상들을 수학적으로 탐구한다면 어떨까요? 학생들이 생활하는 교실 안에서도 많은 수학적 원리를 발견하게 될 것입니다. 행과 열로 이루어진 학급 자리 배치에서 '행렬'을 발견할 수 있고, 자리를 바꾸는 날 새로운 짝꿍을 만나는 데에도 '확률'을 생각하게 될 것입니다. 학급 모둠원을 구성하는 데에서 '나눗셈'을 떠올릴 수 있고, 학급 친구들을 특성에 따라 분류하면서 '집합'의 개념도 이해할 수 있을 것입니다. 이처럼 학생들이 수학을 세상을 보는 '눈'으로 생각한다면, 수학은 단순한 문제 풀이의 도구가 아니라 삶의 재미있는 법칙을 찾아내는 유용한 학문으로 인식될 수 있을 것입니다.

이 책은 세상을 수학적으로 볼 수 있는 '눈'을 키워 줄 책입니다. 학년마다 단편적으로 학습했던 수학적 지식을 '주제'별로 통합하여 연결함으로써, 수학적 개념이 학생들의 삶과 이어지게 하였습니다. 학생들은 책 속의 이야기와 상황에 몰입하면서 수학적 개념과 원리를 재미있게 경험할 것입니다. 이 책은 수학을 어려워하는 학생에게는 수학에 대한 기분 좋은 경험이 되어 줄 것이고, 수학을 좋아하는 학생에게는 수학의 가치를 발견하는 기회가 되어 줄 것입니다. 이 책을 통해 많은 학생들이 수학과 삶을 잇는 경험을 쌓고, 수학을 사랑하는 마음을 키워 가기를 기대해 봅니다.

이운영, 조치원대동초등학교 교사

| 추천사 2 |

이 책은 새로운 수학 공부 방식을
선물해 줍니다

아무 의미 없어 보이는 점도 일정한 규칙을 갖도록 나열하면, 그 속에서 아름다운 수의 규칙을 발견하게 됩니다.

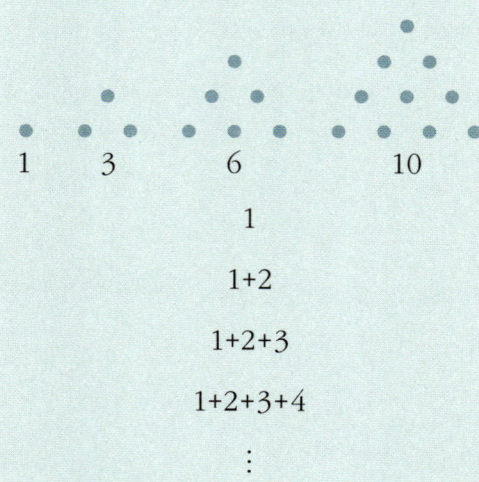

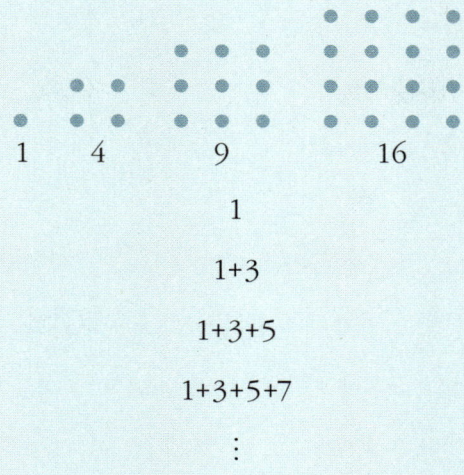

$$1$$
$$1+3$$
$$1+3+5$$
$$1+3+5+7$$
$$\vdots$$

자연에서도 이런 현상은 동일하게 적용되어 티티우스는 행성들 사이에 놓인 일정한 규칙 0, 3, 6, 12, 24, 48, … 에서 0을 제외하고 앞의 수에 2를 곱하면 그다음 수가 되는 규칙을 찾은 후, 각 수에 4를 더하고 나서 10으로 나눠 태양과 항성 사이의 거리를 찾아가지요.

0.4, 0.7, 1, 1.6, 2.8, 5.2, 10, 19.6

수성까지의 거리 = 0.4AU

금성까지의 거리 = 0.7AU

지구까지의 거리 = 1.0AU

화성까지의 거리 = 1.6AU

소행성대까지의 거리 = 2.8AU

목성까지의 거리 = 5.2AU

토성까지의 거리 = 10.0AU

천왕성까지의 거리 = 19.6AU

이런 수의 규칙을 찾는 바람직한 발견술은 사실 쉽게 가르쳐 주지 않아요. 그런데 이 책의 작가는 이해하기 어려운 다양한 수의 나열 상황에서 다음 몇 개의 규칙에 주목해 복잡한 현상 안에서 단순하고 쉬운 규칙을 찾아갑니다.

일정한 간격을 갖는 변화

일정한 차를 갖는 변화

일정한 합이 갖는 변화

일정한 곱과 나눔이 갖는 변화

작가는 이 소박한 몇 개의 문장에 주목해 2015 개정 교육과정 중 초등 교육과정에서 중등 교육과정까지 배우게 되는 수 안에 녹아있는 규칙 패턴을 '일정한 규칙이 존재하면, 이를 이용해 새로운 수의 규칙을 생성할 수 있다.'는 가치에 집중해 대부분의 수열에 녹아 있는 숨은 패턴을 찾아갑니다.

이런 점에서 이 책을 읽어 나가게 되면, 지난 수천 년의 수학 문화사가 찾은 생각들을 단기간에 확인할 수 있습니다. 특히, 작가는 만화의 형식을 빌려 어렵게 여겨지는 수학을 매우 친밀하게 다가가도록 해서 수학에 감정과 정서를 담아 표현했습니다. 수학툰 속의 '코마'는 우리들의 호기심을 대변해 질문과 설명을 대신하기도 합니다. 이 책을 읽다 보면, 아마도 여러분은 많은 수의 규칙을 알게 된 자신을 발견하게 되지 않을까요?

이동흔, 전) 전국수학교사모임 회장

| 추천사 3 |
문장제 문제에 약한 친구들도 빠져드는 수학툰

수학 문장제 문제를 어려워하는 친구들이 생각보다 많습니다. 과거의 초등수학은 정해진 답을 맞히는 것이 목적이었다면, 이제는 알고 있는 지식을 새롭게 창조해 낼 줄 아는 능력을 중요시하는 추세입니다. 서술형 문제인 문장제 문제는 실생활과 관련된 수학적 상황을 인지하고 해결해 나가는 과정을 통해 문제 해결력을 키우기에 꽤 효과적입니다. 하지만 문자보다 영상이나 그림 등에 익숙한 요즘의 친구들은 읽고 이해해야 할 것이 많은 수학 문장제, 즉 서술형 문제를 스스로 읽는 것부터 어려워합니다.

 이 책은 이런 친구들도 직접 정완상 교수님의 수업을 듣는 듯한 착각이 들 정도로 몰입할 수 있게 하는 여러 가지 요소들이 잘 갖춰져 있습니다. 또 저자는 친구들이 궁금해할 만한 상황을 정확히 알고 있고 이를 명쾌하게 해결해 줍니다. 이 책을 읽는 동안 수학을 잘하는 친구들은 수학에 더 재미를 붙일 수 있을 것이고, 스스로를 수포자라고 생각했던 친구들은 자기도 모르게 수학 실력이 향상되는 마법 같은 경험도 할 수 있을 것입니다.

이 책은 문장제 문제에 약한 주인공 코마의 질문과 상상이 글의 흐름을 재미있게 이끌어 줘서 책을 읽는 동안 초·중·고 수학 교과의 중요한 영역인 각 주제들에 대해 어느새 깊이 빠져듭니다. 중간중간 삽입된 시공간을 넘나드는 만화 형식의 판타지 수학툰은 단원의 흐름을 재미있게 이끌고 있어 친구들의 호기심을 증폭시킵니다. 가볍게 술술 읽히지만 꼭 알아야 할, 수학 탐구 주제에 바로 적용할 수 있는 신비롭고 재미있는 이야기들이 가득 담긴 책입니다.

마지막으로 서문에서 밝힌 정완상 교수님의 말씀처럼 이 책을 읽는 모든 학생들의 어린 시절이 세계적인 수학자의 어린 시절이 되기를 저 또한 희망합니다.

박정희, 매쓰몽 대치본원 대표

| 서문 |

수학은 아름답고 재미있는 과목입니다

QR코드를 통해
정완상 교수의 강의를
직접 들어 봅시다.

수학은 아름답고 재미있는 과목입니다. 이 아름다운 과목은 첫발을 잘못 들이면 이 세상에서 제일 싫어하는 과목이 되기도 합니다. 대신에 어린 시절부터 재미있는 수학책을 접해 수학의 재미를 느끼게 되면 수학을 좋아하게 되고, 따라서 수학에 대한 자신감을 가지게 되지요.

이 책은 그런 의도로 기획되었습니다. 수학을 좋아하는 초등학생들과 수학이 재미없어지기 시작한 청소년들을 위해 주제별로 수학이 재미있는 것이라는 것을 알려 주는 것이 이 책의 가장 큰 목적입니다. 그러기 위해 중학교나 고등학교에서 배우는 내용이나 그 이상의 수학 내용도 초등학생이 소화할 수 있도록, 초등학생이 이해할 수 있는 단어로 설명했습니다. 이 책은 만화로 구성된 수학툰이 전체 이야기를 이끌어 가는 구성입니다. 그래서 독자들이 재미있는 스토리를 통해 수학의 중요한 개념을 이해할 수 있을 것이라 생각합니다.

수학자들은 매우 논리적인 사람들이면서 동시에 엉뚱한 생각을 많이 하는 사람들입니다. 엉뚱한 생각을 논리적으로 접근하면 이 세상 누구도 본 적이 없는 새로운 수학의 세계로 사람들을 초대합니다. 이 책에 등장하는 수 많은 수 뛰기를 만든 수학자들 역시 그러합니다. 행복수, 불행수와 같은 생각은 정말 엉뚱한 생각이지만 재미있는 규칙을 만들어 냅니다. 제가 이 책에서 고등학교를 졸업할 때까지 교과서에 나오지 않는 많은, 재미있는 수 뛰기까지 선보인 이유는 여러분들도 이런 재미있는 수들을 만들 수 있는 훌륭한 수학자가 되기를 바라는 마음에서 입니다. 또한 피보나치 수 뛰기와 황금비에 대해 잘못 알려진 사실들을 바로 잡고 싶다는 마음에서 피보나치 수 뛰기가 그리 특별하게 아름다운 수 뛰기가 아니라는 점을 강조했습니다. 피보나치 수 뛰기는 트리보나치 수 뛰기, 테트라 보나치 수 뛰기 등으로 확장될 수 있고 그때마다 아름다운 비율이 나타납니다. 그러므로 자연이 특별히 피보나치 수 뛰기에서 나오는 비율인 황금비를 따라 설계될 이유는 없습니다. 아마도 황금비를 통해 인기를 끌고 싶어 하는 사람들에 의해 억지로 자연 속에 황금비가 있는 것처럼, 그동안 많은 책에서 그렇게 다뤄져 왔습니다. 잘못된 생각을 어린 시절에 품으면 영원히 잘못된 생각에서 빠져나올 수 없기 때문에 올바른 수학 논리를 어린 시절부터 가지는 것이 중요합니다.

이 책은 초등학교, 중학교, 고등학교 교과서의 다음 내용들과 연결됩니다.

초등학교 : 규칙성
중학교 : 자연수의 성질, 함수
고등학교 : 함수, 수열

이 책에 소개된 여러 가지 수 뛰기를 통해, 여러분들이 재미있는 규칙을 따르는 새로운 수 뛰기를 발견하고, 수들 사이의 규칙성에 흥미를 가질 수 있기를 바랍니다. 여러분들의 어린 시절이, 이 책을 통해 세계적인 수학자의 어린 시절이 되기를 희망합니다.

정완상, 경상국립대학교 교수

캐릭터 소개

코마

수학을 못해서 고민인 아이

호기심이 많은 코마는 큰 고민이 하나 있다. 수학을 잘 못해서 수학 시간을 싫어한다. 특히 수학 문장제 문제는 생각만 해도 짜증이 날 정도이다. 수학 때문에 고민하는 코마, 이 고민이 해결될 수 있을까?

매쓰워치

시계 모양의 수학 마법사

수학 행성 매쏜에서 온 수학 요정, '매쓰피어'가 코마의 침대 옆에 놓여 있던 알람 시계를 팔다리가 없고 날아다니는 시계 모양의 수학 마법사로 만들었다.

베드몬

시공간을 이동하고, 변신의 귀재

'매쓰피어'가 코마의 침대를 일으켜 세워 만들었다. 코마, 매쓰워치와 함께 시공간을 여행하는데, 이때 가장 중요한 수송을 담당한다. 변신의 귀재이기도 하다.

같은 간격 수 뛰기

나열된 수와 수 사이의 간격이 같은 수 뛰기를 같은 간격 수 뛰기라 한다. 이런 수의 규칙 찾기는 초등학교 교과에서도 다루는데, 이 과정은 중·고등학교에서 배울 함수와 수열의 기초가 되는 중요한 과정이다. 수열이란, 일정한 규칙에 따라 한 줄로 나열된 수의 열을 말한다. 이 책에는 수열이라는 어려운 말 대신, 수 뛰기라는 기억하기 쉬운 말을 사용했다.

앨리시아로의 여행
같은 간격 수 뛰기

매쓰워치 코마! 이제부터 우리는 환상적인 수학 여행을 하게 될 거야. 나와 베드몬은 시간과 공간을 이동할 수 있고, 새로운 환경을 만들 수 있어. 우리는 중세 시대로 갈 수도 있고, 고대 그리스 시대나 판타지 속으로 갈 수도 있고, 동화 속으로 들어갈 수도 있어. 이런 여러 가지 상황에서 코마 너는 즐겁게 수학을 배울 수 있을 거야.

베드몬 이번 주제는 도형과 관계있어?

매쓰워치 아니. 이번 주제는 수와 관계가 있어.

베드몬 그렇다면 이번 여행에서 도형 전문가인 나는 학생 역할을 해야겠군. 물론 이동과 안전 역시 내가 담당하지!

매쓰워치 맞아. 베드몬! 그럼 우리를 가상 현실 공간인 앨리시아로 데려다 줄래?

베드몬 알겠어. 앨리시아로 이동!

<코마> 아이쿠! 괜히 토끼를 따라왔나 봐! 끝없이 떨어지는 거 같아. 그런데 왜 이렇게 점점 빠르게 떨어지는 거지?

<애쓰워치> 지구에서 떨어지는 물체는 1초마다 약 10미터씩 속력이 커져. 그러니까 1초 후 속력은 초속 10미터, 2초 후 속력은 초속 20미터 그

리고 3초 후 속력은 초속 30미터, 이런 식으로 점점 커지지.

〈코마〉 아무리 가상 현실이라도 처음 시작부터 너무 고약해. 바닥에 부딪쳐 죽는 줄 알았어.

〈매쓰워치〉 이제 이런 돌발 상황에 익숙해져야 할 거야.

〈코마〉 그나저나 여긴 어디지? 중력을 가진 지구처럼 떨어질 때 속력이 점점 커진다는 걸 보면 지구인 것 같기도 하고?

〈매쓰워치〉 여기가 어디인지는 중요하지 않아. 토끼가 외쳤던 수들을 봐. 1, 4, 7, 10, 13, 16, … 어떤 규칙이 있지?

〈코마〉 1+3=4, 4+3=7, 7+3=10, 10+3=13, 13+3=16. 아하! 앞의 수에 3을 더하면 다음 수가 나와.

매쓰워치 이렇게 규칙에 따라 나열된 수들을 초등학교 수학에서는 수의 배열 또는 수의 나열이라고 배웠고, 고등학교에서는 수열이라고 배워. 수학 교과서에서는 안 나오는 용어지만, 우리는 이렇게 수들 사이에 규칙이 있을 때 '수 뛰기'라고 부르기로 하자. 오늘 주제는 바로 '같은 간격 수 뛰기'야. 토끼가 말한 수들이 바로 간격이 3인 같은 간격 수 뛰기야.

베드몬 아하! 나열된 수와 수 사이의 간격이 같은 수 뛰기가 같은 간격 수 뛰기라는 거구나?

매쓰워치 맞아. 자, 이제 흑백의 다리로 이동! 코마, 저기 보이는 흑백의 다리에서 흰 부분만 밟고 다리를 건너 봐!

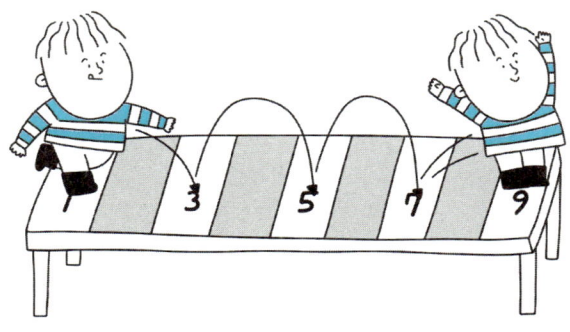

코마 1, 3, 5, 7, 9, …이니까 2칸 수 뛰기네.

매쓰워치 간격이 2인 같은 간격 수 뛰기야.

코마 흰 부분은 모두 홀수야.

매쓰워치 맞아. 이 홀수들은 간격이 2인 같은 간격 수 뛰기야. 이번에는 검은 부분만 밟고 다리를 건너 봐.

<코마> 검은 부분은 모두 짝수야.

<매쓰위치> 짝수들도 간격이 2인 같은 간격 수 뛰기야. 같은 간격 수 뛰기를 만들어 볼게. 다음 수들을 봐. 1, 2, 3, 4, 5, 6, 7, 8, ….

<코마> 같은 간격 수 뛰기네.

<베드몬> 간격이 1인 같은 간격 수 뛰기잖아?

<매쓰위치> 맞아. 이 수들을 자연수라고 불러.

<코마> 자연에 나타나는 수인가?

<매쓰위치> 자연스러운 수라는 뜻이야. 이 수들 중에서 3으로 나누어떨어지는 수들만 모아 봐.

<코마> 오케이. 3, 6, 9, 12, 15, ….

<베드몬> 간격이 3인 같은 간격 수 뛰기네.

<매쓰위치> 3으로 나눈 나머지가 1인 수들을 모아 봐.

<코마> 오케이. 1, 4, 7, 10, 13, ….

<베드몬> 이번에도 간격이 3인 같은 간격 수 뛰기네.

매쓰워치 3으로 나눈 나머지가 2인 수들을 모아 봐.

코마 오케이. 2, 5, 8, 11, 14, ⋯.

베드몬 와우! 이번에도 간격이 3인 같은 간격 수 뛰기!

매쓰워치 3으로 나누어떨어진다는 것은 3으로 나눈 나머지가 0이라는 뜻이야. 3으로 나눈 나머지에 따라 나머지가 0인 수들, 나머지가 1인 수들, 나머지가 2인 수들끼리 모아 보면 항상 간격이 3인 같은 간격 수 뛰기가 돼.

코마 자연수를 다른 수로 나눈 나머지로 분류해도 같은 간격 수 뛰기가 나올 것 같아. 예를 들어, 자연수를 4로 나눈 나머지로 분류해 볼게. 4로 나눈 나머지는 0, 1, 2, 3 중의 하나야. 나머지가 0인 수들은 4, 8, 12, 16, 20, ⋯.

베드몬 간격이 4인 같은 간격 수 뛰기야.

코마 나머지가 1인 수들은 1, 5, 9, 13, 17, 21, ⋯. 역시 간격이 4인 같은 간격 수 뛰기가 되네.

베드몬 나머지가 2인 수들은 2, 6, 10, 14, 18, 22, ⋯. 간격이 4인 같은 간격 수 뛰기가 되는군!

코마 나머지가 3인 수들은 3, 7, 11, 15, 19, 23, ⋯.

베드몬 이것도 역시 간격이 4인 같은 간격 수 뛰기!

매쓰워치 잘했어. 그러니까 자연수를 어떤 수로 나눈 나머지에 따라 분류하면 그 어떤 수를 간격으로 갖는 같은 간격 수 뛰기를 항상 만들 수 있어.

토끼와 거북이의 경주
같은 간격 수 뛰기의 활용

코마 같은 간격 수 뛰기는 어디에 사용되지?

매쓰워치 어떤 사람이 1초 동안에 10미터를 간다고 해 봐. 그러면 2초 동안에는 몇 미터를 가지?

코마 20미터를 가겠지.

베드몬 3초 동안에는 30미터, 4초 동안에는 40미터를 가.

매쓰워치 이 사람이 1초 동안 간 거리, 2초 동안 간 거리, 3초 동안 간 거리, 4초 동안 간 거리를 쓰면, 10, 20, 30, 40.

베드몬 간격이 10인 같은 간격 수 뛰기를 하는구나!

매쓰워치 맞아. 1초 동안 간 거리를 이 사람의 속력이라고 불러. 그러니까 이 사람이 어떤 시간 동안 간 거리는 (거리)=(속력)×(시간)이 되지. 이때 이 사람이 간 거리는 속력을 간격으로 갖는 같은 간격 수 뛰기가 돼.

코마 우와! 거북이가 이겼어.

매쓰워치 거북이는 꾸준하게 같은 간격 수 뛰기를 했지만, 자만심 강한 토끼는 중간에 잠을 자면서 수 뛰기를 하지 않아서 그래.

베드몬 토끼와 거북이가 간 거리를 표로 만들어 보았어.

시간	거북이가 간 거리(m)	토끼가 간 거리(m)	
1초	2	10	
2초	4	20	토끼 잠자기 시작
3초	6	20	
4초	8	20	
5초	10	20	
6초	12	20	
7초	14	20	
8초	16	20	
9초	18	20	
10초	20	20	
11초	22	20	
12초	24	20	
13초	26	20	
14초	28	20	
15초	30	20	토끼 다시 뛰기 시작
16초	32	30	거북이 골인

코마 아하! 거북이가 간 거리는 간격이 2인 같은 간격 수 뛰기야.

매쓰워치 표를 만들어서 수학 문제를 해결하는 것은 수학 실력을 높이는 좋은 방법이야.

▶▶▶ **개념 정리 QUIZ**

1. 5의 배수는 같은 간격 수 뛰기인가?

2. 같은 간격 수 뛰기에서 이웃하는 세 수 사이의 관계를 찾아라.

3. 어떤 사람의 몸무게가 매일 100그램씩 증가하고 있다. 이 사람의 매일매일의 몸무게는 같은 간격 수 뛰기를 하는가?

※ Quiz의 정답은 125쪽에 있습니다.

▶▶▶ **개념 다지기**　　　　◉ 정완상 교수의 QR 강의

같은 간격 수 뛰기에서 □번째 수를 구하는 방법은?

같은 간격 수 뛰기인 1, 4, 7, 10, 13, …을 살펴봅시다. 이때 □번째 수를 찾는 공식을 알아볼게요. 두 번째 수는 1+3, 세 번째 수는 1+3+3, 네 번째 수는 1+3+3+3이니까 정리해 보면 다음과 같습니다.

첫 번째 수=1
두 번째 수=1+3
세 번째 수=1+3+3
네 번째 수=1+3+3+3

이것을 곱하기로 바꿔 봅시다.

첫 번째 수=1
두 번째 수=1+3×1
세 번째 수=1+3×2
네 번째 수=1+3×3

그렇다면 □번째 수는 어떻게 구할까요?
곱하기로 바꿔 본 식을 천천히 살펴보면 다음과 같은 공식을 얻을 수 있습니다.
□번째 수=1+3×(□-1)

QR코드를 통해 정완상 교수의 강의를 직접 들어 봅시다.

같은 비율 수 뛰기

나열된 수들 중 이웃하는 두 수 사이의 비가 같은 수 뛰기를 같은 비율 수 뛰기라 한다. 고등학교 수학 교과서에서는 등비수열이라는 이름으로 등장하는 내용이다. 이외에도 이 장에서 다루는 비와 비율, 백분율 등은 실생활에서 많이 쓰이는 개념이면서 중·고등학교 수학 교과서의 많은 단원과 연계가 되니 더욱 주의 깊게 살펴보자.

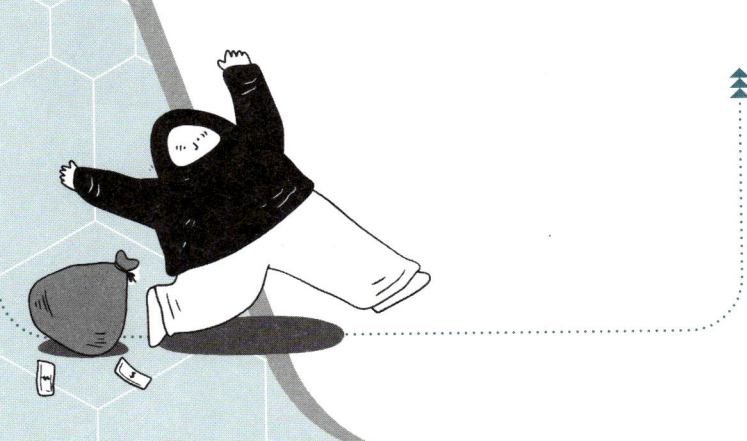

수학툰

슬리폰으로부터 마을을 지켜라
같은 비율 수 뛰기

<코마> 이 상황이 수 뛰기랑 관계있어?

<매쓰워치> 물론. 슬리폰의 수의 변화를 차례대로 쓰면, 1, 2, 4, 8, 16, …이 돼. 규칙을 찾아 봐!

<코마> 이건 2의 구구단에서 나오잖아?

<베드온> 맞네. 그렇다면 규칙은 다음과 같아. 2=1×2, 4=2×2, 8=4×2, 16=8×2. 앞의 수에 2배를 한 수가 그다음 수가 되는 규칙이야.

<매쓰워치> 맞아. 이것을 '같은 비율 수 뛰기'라고 불러.

<코마> 갑자기 비율이 왜 나오지?

<매쓰워치> 코마네 모둠에 남학생이 5명, 여학생이 3명이라고 해 봐. 전체 학생수는 8명이지? 전체 학생수 8명을 기준으로 남학생 수를 비교할 때 전체 학생수 8명을 기준량, 남학생 수 5명을 비교하는 양이라고 불러. 이때 기준량에 대한 비교하는 양의 크기를 비율이라고 부르지. 비율은 (비교하는 양)을 (기준이 되는 양)으로 나눈 값이야. 남학생의 비율을 구하면 기준량이 8이고 비교하는 양이 5이므로 남학생의 비율은 $\frac{5}{8}$가 되는 거야.

<코마> 여학생의 비율을 구하면 기준량이 8이고 비교하는 양이 3이므로 여학생의 비율은 $\frac{3}{8}$이 되는군.

<매쓰워치> 맞아. 같은 비율 수 뛰기에서는 기준량을 앞의 수로, 비교하

는 양을 그다음 수로 하여 비율을 정하지. 1, 2, 4, 8, 16, …에서 1을 기준량, 2를 비교하는 양으로 하면 비율은 2가 돼. 또 2를 기준량, 4를 비교하는 양으로 하면 비율은 2가 되지? 그러니까 이 수 뛰기에서는 비율이 항상 2로 같아. 그래서 같은 비율 수 뛰기라고 부르는 거야.

은행에서 수 뛰기를 사용한다고?
은행 이자는 같은 비율 수 뛰기

〈코마〉 같은 비율 수 뛰기는 어디에 사용되지?

〈매쓰워치〉 은행에 예금하면 이자가 붙지? 예를 들어, 네가 은행에 10000원을 예금했고, 한 달 이율이 1%라고 해 보자.

〈코마〉 %는 뭐지?

〈매쓰워치〉 이것은 퍼센트라는 기호야. 기준량을 100으로 할 때의 비율을 백분율이라고 하고, 기호 %를 써서 나타내. 전체 학생이 100명이고 그중 남학생이 75명이면 남학생의 백분율은 75%가 되고 '75퍼센트'라고 읽어.

〈베드문〉 비율은 소수나 분수로 나타내잖아? 그럼 비율을 백분율로 나타낼 수 있어?

매쓰워치 물론이야. 만일 공장에서 만들어지는 10개의 제품 중에서 불량품이 3개이면 불량품 비율은 얼마지?

베드로 0.3이겠지.

매쓰워치 이때 기준량이 10이고 비교하는 양이 3이잖아? 백분율은 기준량을 100으로 할 때 비교하는 양을 나타내. 그러니까 비율 0.3에 대한 백분율을 □%라고 하면 10:3=100:□가 돼. 그러니까 10×□=3×100이 되지. 계산해 보면 □안에 들어가는 수는 30이 돼. 즉 비율 0.3을 백분율로 나타내면 30%가 되지. 이 값은 비율 0.3에 100을 곱한 값이야. 일반적으로 비율을 백분율로 바로 나타낼 수도 있어. 백분율(%)=(비율)×100로 나타내지.

베드로 아하! 예를 들어, 비율 $\frac{11}{20}$을 백분율로 나타내면 $\frac{11}{20}$×100=55(%)가 되는군!

매쓰워치 퍼펙트! 코마! 원래의 문제로 돌아가서, 은행에 맡긴 10000원에 대한 한 달 후 이자는 얼마지?

코마 이율 1%를 비율로 나타내면 0.01이니까, 이자는 10000×0.01=100(원)이지.

매쓰워치 한 달 후 너의 통장에 들어 있는 돈은 얼마지?

코마 원래 있던 돈 10000원에 이자 100원을 더하면 되니까 10000+100=10100(원)이 있게 돼.

매쓰워치 그러면 두 달 후 너의 통장에는 얼마가 있지?

코마 한 달에 100원씩 이자가 붙으니까 두 달이면 200원의 이자가 붙어. 그럼 내 통장에 있는 돈은 10000+200=10200(원)이겠지.

매쓰위치 틀렸어. 은행에서는 두 번째 달의 이자를 한 달 후 네 통장에 있는 10100원에 대한 이자로 계산해.

코마 아, 그럼 이자는 10100×0.01=101(원)이 되겠구나.

매쓰위치 그러니까 두 달 후 네 통장에 들어 있는 돈은 10000+100+101=10201(원)이 돼.

베드몬 이건 같은 비율 수 뛰기랑 아무 관계가 없는 것 같은데?

매쓰위치 과연 그럴까? 한 달 후 코마의 통장에 들어 있는 돈 10100원은 10100=10000×1.01처럼 나타낼 수 있어.

코마 1.01은 어디서 나왔지?

매쓰위치 1과 이율의 합이야.

코마 아하! 그렇다면 두 달 후 내 통장에 들어 있는 돈 10201원은 10201=10000×1.01×1.01이 되겠네.

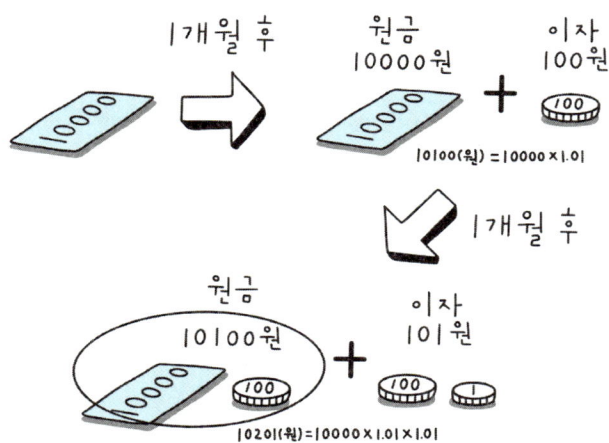

맬서스의 인구와 식량 문제
다른 수 뛰기를 한다고?

베드몬 은행 외에도 같은 비율 수 뛰기를 하는 다른 예가 있어?

매쓰워치 영국의 학자 맬서스는 수 뛰기를 이용해서 인구와 식량과의 관계를 찾아냈어. 맬서스는 1798년 〈인구론〉이라는 논문을 발표했는데 인구의 증가와 식량의 증가가 다른 수 뛰기를 하기 때문에 미래에 큰 문제가 생길 것이라고 예언했지.

베드몬 '다른 수 뛰기를 한다'는 것이 무슨 뜻이지?

매쓰워치 너희가 아는 수 뛰기는 두 가지잖아?

베드몬 그렇지. 같은 간격 수 뛰기와 같은 비율 수 뛰기.

매쓰워치 바로 그거야. 맬서스는 식량은 같은 간격 수 뛰기로 늘어나는데, 인구는 같은 비율 수 뛰기로 늘어나기 때문에 미래에는 빵 한 조각을 수십 명이 차지하려고 싸우게 될 것이라고 주장했어.

코마 이상한데? 같은 간격 수 뛰기를 하든, 같은 비율 수 뛰기를 하든 늘어나기는 마찬가지잖아? 그럼 인구가 늘어나도 그만큼 식량이 늘어나니까 괜찮은 거 아닌가?

매쓰워치 그럴까? 예를 들어, 어떤 해에 인구가 10000명이고 그해에 하루에 공급되는 빵의 개수가 100000개라고 해 봐. 그럼 한 사람이 하루에 먹는 빵은 몇 개지?

코마 100000÷10000=10(개).

매쓰워치 이제 인구는 2배씩 늘어나고, 하루에 공급되는 빵의 개수는 10000개씩 늘어난다고 해 봐. 그럼 1년 후 인구의 수는 10000×2=20000(명)이 될 것이고, 하루에 공급되는 빵의 개수를 계산해 보면 100000+10000=110000(개)가 되잖아? 그럼 한 사람이 하루에 먹는 빵의 개수는 몇 개가 되지?

베드로 110000÷20000=5.5(개).

코마 한 사람이 5.5개를 먹을 수 있네. 1년 전에는 10개씩 먹을 수 있었는데.

매쓰워치 좋아. 다시 1년이 흘렀어. 그러면 인구는 20000×2=40000(명)이 되고, 하루에 공급되는 빵의 개수를 다시 계산해 보면 110000

+10000=120000(개)가 되잖아? 그럼 한 사람이 하루에 먹는 빵의 개수는 몇 개가 되지?

코마 120000÷40000=3(개).

베드몬 우와! 3개로 줄어들었어.

매쓰워치 몇 년 동안의 결과를 표로 만들어 볼까?

	인구 (명)	하루에 공급되는 빵의 개수 (개)	한 사람이 하루에 먹는 빵의 양 (개)
현재	10000	100000	10
1년 후	20000	110000	5.5
2년 후	40000	120000	3
3년 후	80000	130000	1.625
4년 후	160000	140000	0.875
5년 후	320000	150000	0.46875

코마 우와! 표로 정리한 것을 보니 빵이 부족하다는 게 한 눈에 보여.

매쓰워치 이런 식으로 하루에 공급되는 빵의 개수는 같은 간격 수 뛰기로 늘어나고, 인구는 같은 비율 수 뛰기로 늘어나면 한 사람이 하루에 먹을 수 있는 빵의 개수는 점점 줄어들게 돼.

베드몬 그렇게 오랜 시간이 흐르면 정말 늘어난 사람 수에 비해 빵이 부족하니 먹을 것 때문에 싸우게 되겠네.

매쓰워치 맞아. 수십 년이 지나면 빵 한 개를 많은 사람들이 나누어 먹어야겠지. 그래서 사람들은 식량을 빼앗기 위해 전쟁을 하게 된다는 것이 맬서스의 경고야. 그러니까 인구가 폭발적으로 늘어나는 것을 막기 위해서는 사람들이 아이를 적게 낳아 인구가 같은 간격 수 뛰기로 늘어나는 것을 막아야 한다고 주장했어.

〈 코마 〉 그렇구나.

>>> 개념 정리 QUIZ

1. 다음 수 뛰기가 같은 비율 수 뛰기일 때 □안에 알맞은 수를 구하라.
12, 36, 108, 324, □, …

2. 같은 비율 수 뛰기에서 이웃하는 세 수 사이의 관계를 찾아라.

3. 유리창 하나를 통과할 때마다 소리의 크기가 $\frac{1}{2}$배씩 줄어든다고 하자. 처음 소리의 크기를 32라고 할 때 유리창을 네 개 통과한 후 소리는 크기는 얼마인가?

※ Quiz의 정답은 126쪽에 있습니다.

> 정완상 교수의 QR 강의

▶▶▶ 개념 다지기

같은 비율 수 뛰기에서 □번째 수를 구하는 방법은?

같은 비율 수 뛰기인 1, 3, 9, 27, …을 살펴봅시다. 같은 간격 수 뛰기 강의에서 살폈던 것처럼, 같은 비율 수 뛰기에서 □번째 수를 찾는 공식을 알아볼게요. 같은 비율 수 뛰기인 1, 3, 9, 27, …을 다음과 같이 정리할 수 있어요.

첫 번째 수=1
두 번째 수=1×3
세 번째 수=1×3×3
네 번째 수=1×3×3×3

그러니까 □번째 수는 처음 수인 1에 3을 (□−1)번 곱하면 구할 수 있는 거예요.
예를 들어, 이 수 뛰기에서 7번째 수는 1에 3을 6번 곱하면 되겠지요?
7번째 수= 1×3×3×3×3×3×3=729

QR코드를 통해 정완상 교수의 강의를 직접 들어 봅시다.

차이가 수 뛰기하는 수 뛰기

어떤 수 뛰기에서 이웃하는 두 수의 차이가 같은 간격 수 뛰기나 같은 비율 수 뛰기를 하는 경우도 살펴보자. 피타고라스의 도형수라고도 불리는 삼각수, 사각수는 수 하나 하나를 점으로 생각하고 그것을 기하학적 모양으로 배열하여 나타낼 수 있는지 살펴보면서 어려워질 중·고등학교 수학의 사고력 문제를 대비해 보자.

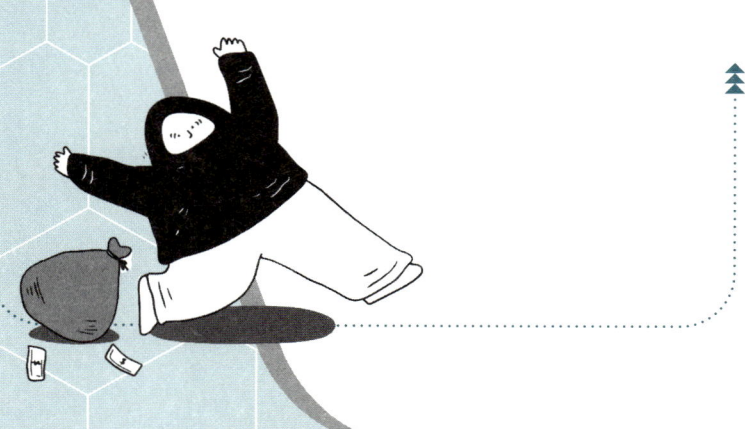

아이돌 텐시아
수들의 차이가 수 뛰기를 한다고?

코마 오늘부터 난 텐시아의 찐 팬이야.

베드로 나도 나도!

매쓰워치 오늘 배울 주제를 텐시아가 다 설명했어.

코마 무슨 소리야? 난 노래만 들었는데.

베드로 난 댄스만 감상했는데?

매쓰워치 텐시아의 멤버들이 나타난 수들을 차례로 써 봐.

베드로 처음에 1명, 다음에 2명이 더 나와 3명, 다음에 3명이 더 나와 6명, 다음에 4명이 더 나와 10명이 됐으니까 1, 3, 6, 10이야.

코마 아무 규칙도 없는데? 같은 간격 수 뛰기도 아니고, 같은 비율 수 뛰기도 아니잖아?

매쓰워치 앞의 수와 그다음 수의 차이를 써 봐.

코마 1과 3의 차이는 2, 3과 6의 차이는 3, 6과 10의 차이는 4야.

매쓰워치 어떤 규칙이 보이지?

코마 이웃하는 두 수의 차이가 같은 간격 수 뛰기를 하네.

매쓰워치 그래. 이런 수 뛰기를 '차이가 같은 간격 수 뛰기를 하는 수 뛰기'라고 말해.

코마 다음 수들을 봐. 1, 3, 8, 16, 27, 41, …. 이것도 차이가 같은 간격 수 뛰기를 하는 수 뛰기야.

베드몬 이웃하는 두 수의 차이를 차례대로 써 보면, 2, 5, 8, 11, 14. 아하! 차이가 간격 3인 같은 간격 수 뛰기를 하는구나.

매쓰워치 이번에는 다음 수들을 봐. 1, 3, 7, 15, 31, 63, ….

코마 이웃하는 두 수의 차이를 차례대로 써 보면, 2, 4, 8, 16, 32, … 차이가 같은 비율 수 뛰기를 하네.

매쓰워치 맞아. 이 수 뛰기를 '차이가 같은 비율 수 뛰기를 하는 수 뛰기'라고 말해. 같은 비율 수 뛰기를 하는 수들을 말해 봐.

베드몬 좋아. 1, 2, 4, 8, 16, 32, ….

매쓰워치 이제 이웃하는 두 수의 차이를 차례대로 써 봐.

베드몬 간단하지. 1, 2, 4, 8, 16, …. 헐! 똑같은 수 뛰기가 나타났어.

매쓰워치 같은 비율 수 뛰기에서 이웃하는 두 수의 차이를 차례대로 쓰면 항상 같은 비율 수 뛰기가 돼.

코마 재미있는 성질이네.

피타고라스의 도형수
수가 도형을 만나다

매쓰워치 차이가 같은 간격 수 뛰기를 하는 수 뛰기를 처음 알아낸 사람은 피타고라스야.

〈코마〉 피타고라스가 누구지?

〈매쓰워치〉 고대 그리스 시대의 유명한 수학자야. 지금으로부터 거의 2500년 전에 살았지.

〈코마〉 와우! 정말 옛날 사람이네.

〈매쓰워치〉 피타고라스는 그리스의 식민지인 사모스 섬에서 태어났어. 스승인 탈레스로부터 수학을 배웠고 이집트에서 오랫동안 수학 공부를 하다가 고향에 돌아왔어. 피타고라스는 고향에 학교를 세우려고 했지만 뜻을 이루지 못하고 마흔 즈음에 그리스의 크로톤에 학교를 세웠어. 피타고라스의 학교에는 그를 추종하는 사람들이 모여들어 수학을 공부했어. 피타고라스는 수와 도형과의 관계를 매우 중요하게 여겼어. 예를 들어 다음 수들을 봐.

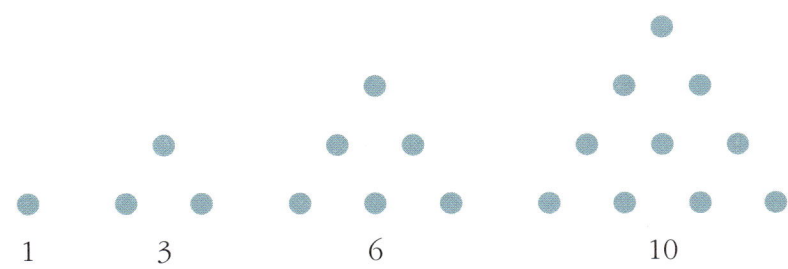

피타고라스는 삼각형 모양을 만들 때 사용되는 점의 개수를 삼각수라고 불렀어. 즉 삼각수는 1, 3, 6, 10, …을 말해.

〈베드몬〉 텐시아가 보여준 차이가 같은 간격 수 뛰기를 하는 수 뛰기네.

〈매쓰워치〉 삼각수는 다음과 같은 규칙이 있어. 3=1+2, 6=1+2+3,

10=1+2+3+4, 어때?

코마 자연수를 차례로 더하면 삼각수가 나타나는구나!

매쓰워치 그림으로 보면 이 성질을 간단하게 알 수 있어. 삼각수 10을 그림으로 그리면 다음과 같아.

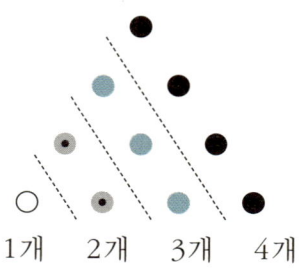

코마 그림으로 보니까 쉽네.

베드로 궁금한 게 있어. 사각수도 있어?

매쓰워치 물론이야. 피타고라스는 다음과 같은 모양으로 주어지는 사각수에 대해서도 연구했어.

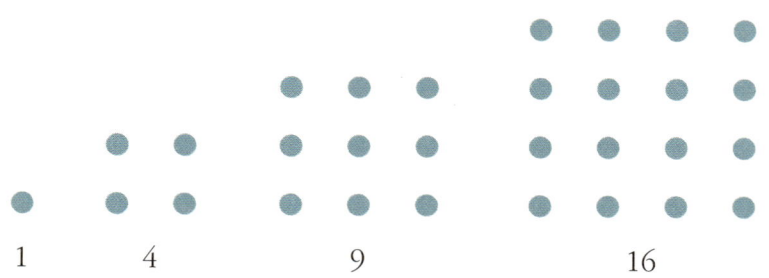

베드몬 사각형 모양이네. 처음 네 개의 사각수는 1, 4, 9, 16···. 이웃하는 두 수의 차이를 차례대로 써 보면 3, 5, 7, ···. 차이가 같은 간격 수 뛰기를 하는 수 뛰기네. 간격은 2야.

매쓰워치 맞아, 사각수들은 간격이 2인 차이가 같은 간격 수 뛰기를 해. 삼각수와 사각수 사이에는 재미있는 관계가 있어. 첫 번째 삼각수와 두 번째 삼각수를 더해 봐.

코마 1+3=4.

매쓰워치 두 번째 삼각수와 세 번째 삼각수도 더해 봐.

베드몬 3+6=9.

매쓰워치 피타고라스는 이웃하는 두 삼각수를 더하면 반드시 사각수가 나타난다는 사실을 알아냈어. 피타고라스는 삼각수와 사각수뿐 아니라, 오각형을 만드는 데 사용되는 점의 개수를 나타내는 수를 오각수, 육각형을 만드는 데 사용되는 점의 개수를 나타내는 수를 육각수라고 부르면서 수와 도형 사이의 관계를 연구했어. 사각수들을 또 다른 재미있는 성질을 만족해. $1=1×1$, $4=2×2$, $9=3×3$, $16=4×4$이 돼.

코마 나도 재미있는 성질을 발견했어.

베드몬 뭔데?

코마 잘 봐! 1+3=4, 1+3+5=9, 1+3+5+7=16이야.

베드몬 헐, 홀수들을 차례대로 더하면 사각수가 나오는구나.

매쓰워치 재미있는 성질을 발견했네. 이것을 그림으로 보일 수 있어. 세 번째 사각수를 봐.

이것을 다음과 같이 세 영역으로 나누어 봐.

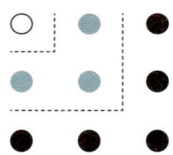

그러면 ○은 한 개, ◐은 세 개, ●은 다섯 개이니까 전체 점의 개수는 1+3+5가 되지? 이것이 9와 같으니까 1+3+5=9가 되는 거야.

〈코마〉 그림으로 보니까 한 눈에 보이고 엄청 쉽네.

〈매쓰워치〉 자, 지금까지 우리가 차이가 같은 간격 수 뛰기, 차이가 같은 비율 수 뛰기를 하는 경우들을 살펴봤잖아?

〈베드몬〉 그래. 피타고라스의 도형수인 삼각수, 사각수의 재미있는 성질들도 살펴봤고.

〈매쓰워치〉 맞아. 지금까지 배운 것들을 정리할 겸, 코마를 검투사로 변신시켜서 디스크몬과 한판 대결을 펼치게 해 볼 거야.

〈코마〉 볼 것도 없지. 이 코마님이 최고의 검투사가 되겠군! 하하하!

〈베드몬〉 도와 달라고 SOS를 외칠지 최고가 될지는 두고 봐야지. 가자, 디스크몬과의 대결 현장으로!

▶▶▶ 개념 정리 QUIZ

1. 다음 수 뛰기를 보자.

$$4, 6, 10, 16, \square, \cdots$$

이 수 뛰기가 차이가 같은 간격 수 뛰기일 때 □를 구하라.

2. 다음 수 뛰기를 보자.

$$1, 0.5, \frac{1}{3}, 0.25, \square, \cdots$$

이 수 뛰기에서 □를 구하라.

3. 다섯 개의 선분을 서로 만나도록 그었을 때 만난 점의 개수가 가장 많아질 때는 몇 개인가?

※ Quiz의 정답은 127쪽에 있습니다.

▶▶▶ **개념 다지기**

차이가 같은 간격 수 뛰기를 하는 수 뛰기의 다른 예를 찾아라!

임의의 삼각수는 어떻게 표현될까요? 다음 그림을 살펴봅시다.

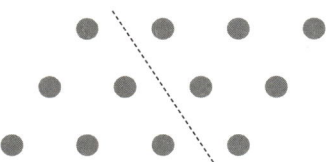

점선의 왼쪽 점의 개수와 오른쪽의 점의 개수가 같습니다. 전체 점의 개수는 3×4가 되고요.

이것은 3×(3+1)이라고 쓸 수 있고 이것은 세 번째 삼각수의 두 배이니까 세 번째 삼각수는 $\frac{1}{2}$×3×(3+1)이 되지요.

벌써 규칙이 보이나요? 눈치 빠른 친구들은 이미 공식을 만들어 냈겠지요.

□번째 삼각수는 $\frac{1}{2}$×□×(□+1)이 된답니다.

QR코드를 통해 정완상 교수의 강의를 직접 들어 봅시다.

재미있는 수 뛰기들

보고 말하기 수, 분할 수, 랭포드 수. 이름부터 심상찮은 이 수 뛰기들은 게임을 하는 것처럼 재미있는 수 뛰기들이다. 또 아무 규칙이 없어 보이는 수들을 뒤집어 역수를 취해 보면 그 규칙이 보이는 조화 수 뛰기에 대해서도 살펴보자. 마치 친구들과 보드 게임을 하듯 즐길 수 있는 재미있는 수 뛰기들이다.

보고 말하기
수들을 보고 수가 몇 개인지를 말하는 수 뛰기

베드몬 매쓰워치! 어떻게 다음 범행 장소를 정확하게, 그것도 주소까지 알아낸 거지?

매쓰워치 이 수는 보고 말하기 수들이거든.

코마 보고 말하기라고?

매쓰워치 그래. 이 수 뛰기는 1부터 시작해. 다음 수는 처음 수를 보고 어떤 숫자가 몇 개인지 말하면 돼. 몇 개의 1, 몇 개의 2, 몇 개의 3, 이렇게 순서대로 수들을 보고 수가 몇 개인지를 말해 봐.

코마 1개의 1.

매쓰워치 그러니까 다음 수는 11이 된 거야.

베드몬 그다음 수는 2개의 1이니까 21. 그다음 수는 1개의 2와 1개의 1이니까 1211이 되는 거고.

코마 그다음 수는 1개의 1, 1개의 2, 2개의 1이므로 111221. 그다음 수는 3개의 1, 2개의 2, 1개의 1이니까 312211. 그렇게 두 번째 범행 장소의 주소가 나오네.

매쓰워치 맞았어. 계속 해 봐!

베드몬 그다음 수는 1개의 3, 1개의 1, 2개의 2, 2개의 1이니까 13112221이 나왔어.

코마 그다음 수는 1개의 1, 1개의 3, 2개의 1, 3개의 2, 1개의 1이라서 1113213211을 알아낼 수 있었구나!

베드몬 오호! 숫자를 보고 말하다 보니, 범인이 마지막으로 방문한 집의 주소가 나왔어!

매쓰워치 이 수들은 영국의 콘웨이가 1986년에 발표한 수들인데 콘웨이 수라고 불러. 그리고 이 수들은 베르나르 베르베르의 소설 『개미』에 나오기 때문에 개미수라고도 부르지. 또, 수들을 보고 수가 몇 개인지를 말하는 수들이기 때문에 보고 말하기 수들이라고도 불러.

분할 수
자기 자신을 드러내거나 자연수들의 합으로 나타내는 방법

매쓰워치 다음 수들을 봐. 1, 2, 3, 5, 7, 11, 15, 22, 30, 42, …. 어떤 규칙이 보이지?

코마 같은 간격 수 뛰기도 아니고, 같은 비율 수 뛰기도 아니고, 두 수의 차이를 보면 1, 1, 2, 2, 4, 4, 7, 8, 12…. 이건 아무 규칙도 없는 것 같은데?

매쓰워치 이 수는 분할 수라고 불러. 어떤 자연수를 자연수들의 합으로 나타내거나 자기 자신으로 나타내는 방법의 수를 말하지. 1은 자연수들의 합으로 나타낼 수 없고, 자기 자신으로만 나타낼 수 있으니까 1가지. 그러니까 1에 대한 분할 수는 1이야.

코마 2는 1+1로 나타낼 수 있고, 2로 나타낼 수 있네. 1+1, 2. 그렇다면 2에 대한 분할 수는 2가 돼.

매쓰워치 맞아. 분할 수, 어렵지 않지?

베드몬 3은 1+1+1, 1+2, 2+1로 나타낼 수 있고 그냥 3으로 나타낼 수 있으니까 방법이 4가지. 즉, 3에 대한 분할수는 4야.

매쓰워치 아니야. 3을 1+2로 나타내는 것과 2+1로 나타내는 것은 같은 경우야. 그러니까 3을 분할해 나타내는 방법은 1+1+1, 1+2, 3. 이렇게 3가지야. 그러니까 3에 대한 분할 수는 3이야.

베드몬 1의 분할수는 1, 2의 분할수는 2, 3의 분할수는 3이네. 그럼 4에 대한 분할 수는 4인가?

코마 아니야. 4를 분할 하는 방법은 1+1+1+1, 1+3, 2+2, 1+1+2, 4. 이렇게 5가지 방법이 있어. 그러니까 4에 대한 분할 수는 5가 되겠지?

매쓰워치 정확해! 분할 수들을 한 눈에 보기 쉽게 그림으로 나타내 볼게. 재미있는 도형들이 나타날 거야.

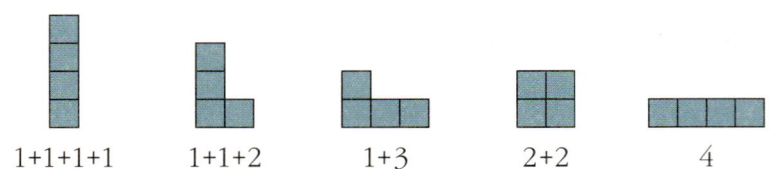

자, 이제 다음 현장으로 이동해 볼까?

랭포드 수
게임 같은 규칙으로 배열된 수

코마 저 아저씨가 뭘 발견했다는 거지?

매쓰워치 수학자인 랭포드와 아들이야. 수학자 랭포드는 아들의 쌓기 나무 놀이에서 흰색을 1, 검정을 2, 회색을 3으로 매기고 아들의 게임을 수들 사이의 규칙으로 만들었어.

베드몬 1과 1 사이에는 1이 아닌 다른 수가 1개 올 수 있고, 2와 2 사이에는 2가 아닌 다른 수가 2개, 3과 3 사이에는 3이 아닌 다른 수가 3개 올 수 있게 한다는 거지.

매쓰워치 맞아. 그게 바로 랭포드 규칙이야.

코마 랭포드 아들의 규칙인데….

베드몬 카드에 수를 적고 랭포드 규칙을 따르게 카드를 배열하는 게임을 만들면 재밌겠다.

매쓰워치 좋은 생각이야. 랭포드는 같은 수를 가진 카드를 두 장씩으로 제한했어. 그러니까 1, 1, 2, 2, 3, 3. 자! 이제 이것으로 랭포드의 규칙을 따르는 수를 만들어 봐.

코마 312123인 것 같아.

매쓰워치 틀렸어. 3과 3 사이에 들어가는 수가 4개가 되면 안 돼.

베드몬 찾았어. 231213.

매쓰워치 정답이야. 랭포드 수를 찾을 때는 우선 가장 큰 수 두 개를 생각해. 이 경우는 가장 큰 수가 3이지? 3과 3 사이에 수가 3개 들어가야 하니까 3□□□3의 꼴이 있어야 해.

〈코마〉 □안에 들어갈 수를 찾으면 되는군. 그런데 어떻게 □안에 들어갈 수를 찾지?

〈매쓰위치〉 하나씩 찾아보면 돼! 먼저 세 개의 □를 ㉮㉯㉰라고 하면 3㉮㉯㉰3이 되지?

〈베드몬〉 그렇게 두면 안 될 것 같은데? 1, 1, 2, 2, 3, 3은 모두 6개인데 왜 수가 5개뿐이잖아.

〈매쓰위치〉 나머지 하나의 수를 ㉱라고 하면 랭포드 수는 ㉱3㉮㉯㉰3이거나 3㉮㉯㉰3㉱ 중의 하나야. 3은 두 개 모두 사용했으니까 ㉮㉯㉰에 올 수 있는 수는 1 또는 2야. 그러니까 ㉮㉯㉰의 수를 결정하면 ㉱에 들어갈 수는 자동으로 결정돼.

〈코마〉 그렇구나! 내 눈에 가장 띄는 것은 ㉮는 2가 될 수 없겠다는 거야.

〈매쓰위치〉 맞아, ㉮는 1이어야 해. 그러니까 랭포드 수는 ㉱31㉯㉰3이거나 31㉯㉰3㉱이어야겠지.

〈베드몬〉 그렇다면 ㉰도 1이어야 해. 그래야 1과 1 사이에 수가 1개 들어가니까.

〈매쓰위치〉 맞아. 그러니까 랭포드 수는 ㉱31㉯13이거나 31㉯13㉱가 되겠지? 이제 남은 2만 들어가면 되는 거야.

〈코마〉 게임 오버! 남아 있는 2가 ㉯와 ㉱에 들어가면 돼. 그러니까 랭포드 수는 231213이거나 312132가 되는 거야. 그러면 1과 1 사이에 숫자 1개, 2와 2 사이에는 숫자 2개, 3과 3 사이에는 숫자 3개가 들어간다는 규칙에 딱 들어맞아!

>>> **개념 정리 QUIZ**

1. 본문에 나오는 1113213211 다음의 콘웨이 수는 얼마인가?

2. 5에 대한 분할 수는 얼마인가?

3. 6에 대한 분할 수는 얼마인가?

※ Quiz의 정답은 128쪽에 있습니다.

 개념 다지기

조화 수 뛰기

다음과 같은 수 뛰기를 살펴봅시다.

$$1, \frac{1}{3}, \frac{1}{5}, \frac{1}{7}, \cdots$$

이 수 뛰기에는 어떤 규칙이 있을까요? 이 수 뛰기는 같은 간격 수 뛰기도 같은 비율 수 뛰기도 아니에요.

이 수 뛰기 수들의 역수를 한 번 적어 보세요. 역수는 분모와 분자를 바꾼 수를 말해요. 역수들은 1, 3, 5, 7, …이 되겠지요? 잘 살펴보면 이 역수들이 같은 간격 수 뛰기를 이루는 것을 알 수 있어요. 이렇게 역수가 같은 간격 수 뛰기를 하는 수 뛰기를 조화 수 뛰기라고 합니다.

QR코드를 통해 정완상 교수의 강의를 직접 들어 봅시다.

GAME 5

행복수, 불행수, 큰 기쁨 수 그리고 콜라츠 추측

자연수의 각 자릿수를 두 번 곱하고 나온 값을 서로 더하기를 반복해서 1이 되면 행복수, 1이 되지 않으면 불행수라고 부른다. 콜라츠는 짝수는 나누기 2, 홀수는 곱하기 3을 한 후 1을 더하는 과정을 반복해서 모든 자연수는 1이 된다고 추측했다. 각 자릿수의 합으로 나누어떨어지는 수를 큰 기쁨 수라고 한다. 재미있고 다양한 수들을 통해 문제 해결 능력과 컴퓨팅 사고력을 키워보자.

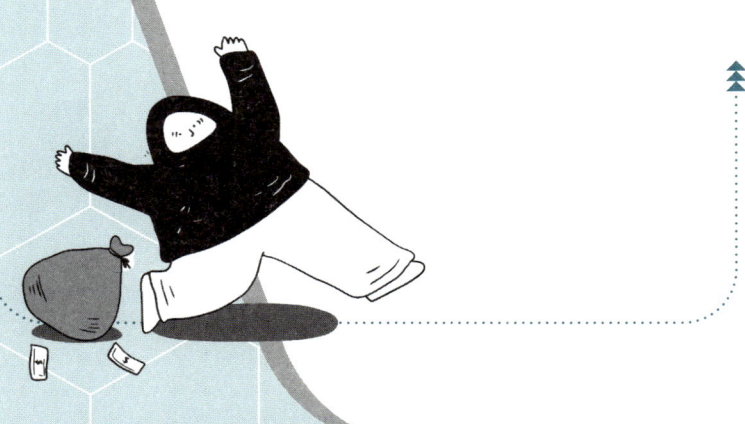

행복수와 불행수
은혜 갚은 제비가 가져다 준 선물

베드은 우와! 수학으로 패러디한 흥부와 놀부전이네.

코마 그런데 흥부의 박에 적혀 있는 수가 선물과 관계가 있나? 원래 이야기처럼 금은보화를 준 것도 아니고!

매쓰워치 큰 선물이지. 제비가 알려 준 흥부의 박에 적혀 있는 수들이 행복수이기 때문이야.

코마 행복수가 뭐지?

매쓰워치 흥부의 첫 번째 박에 적혀 있던 수, 7을 두 번 곱해 봐.

코마 $7 \times 7 = 49$.

매쓰워치 그다음엔 49에서 먼저 앞자리의 수 4를 두 번 곱하고 그다음엔 9를 두 번 곱해 봐.

코마 $4 \times 4 = 16$이고, $9 \times 9 = 81$이잖아.

매쓰워치 계산해서 나온 16과 81, 두 수를 더해 봐.

코마 $4 \times 4 + 9 \times 9 = 97$.

매쓰워치 자, 앞에서 했던 것처럼 반복하는 거야. 97에서 9를 먼저 두 번 곱하고, 7도 두 번 곱해 봐.

코마 $9 \times 9 = 81$이고, $7 \times 7 = 49$가 돼.

매쓰워치 다시 그 두 수를 더해 봐.

코마 $9 \times 9 + 7 \times 7 = 130$.

매쓰워치 그렇게 나온 값에 또 반복해서 계산하는 거야. 이번엔 130이니까 1을 두 번 곱하고 3을 두 번 곱하고 0을 두 번 곱한 후 나온 값들을 모두 더해야겠지?

코마 $1\times1+3\times3+0\times0=10$.

매쓰워치 또 반복해. 10에서, 1을 두 번 곱하고 0을 두 번 곱한 후 더하면?

코마 $1\times1+0\times0=1$로 끝났어.

매쓰워치 잘했어. 지금까지 각 자리의 수들을 두 번씩 곱해서 나온 값들을 모두 더했지? 이런 과정을 거쳐서 마지막에 1이 되는 수를 행복수라고 불러.

코마 흥부의 두 번째 박에 적혀 있는 13도 행복수네. 13도 계산해 보면 $1\times1+3\times3=10$이고, 다시 10에서 $1\times1+0\times0=1$이 되니까 13도 마지막에 1이 나오는 행복수야.

베드몬 4는 불행수야? 내가 해 봐야지. $4\times4=16$, $1\times1+6\times6=37$, $3\times3+7\times7=58$, $5\times5+8\times8=89$, $8\times8+9\times9=64+81=145$가 되네. 아이고, 왜 이렇게 계산이 길어지지? 그래도 시작했으니 끝을 봐야지. 145니까 $1\times1+4\times4+5\times5=42$, $4\times4+2\times2=20$, $2\times2+0\times0=4$. 헐! 다시 4가 되었어.

매쓰워치 4에서 출발해서

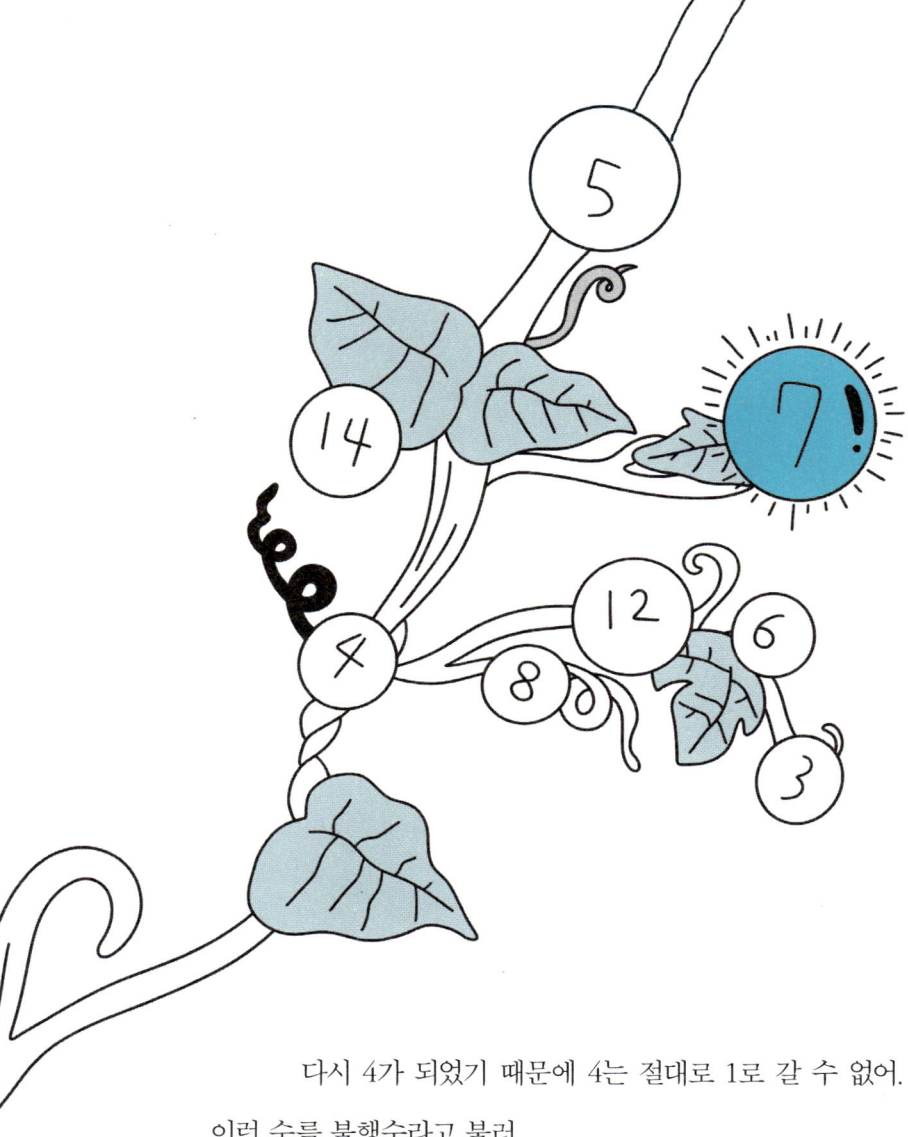

다시 4가 되었기 때문에 4는 절대로 1로 갈 수 없어. 이런 수를 불행수라고 불러.

<코마> 저 행복수가 적혀 있는 박 안에는 흥부네 가족이 행복해질만큼 값진 선물이 들어 있겠지?

<매쓰워치> 금은보화보다 더 큰 행복이 들어 있을 수도 있어.

콜라츠 추측
모든 자연수를 1이 되게 하는 규칙

매쓰워치 이번에는 아주 재미있고 의미 있는 수 뛰기야.

코마 지금까지 살펴봤던 수 뛰기들도 재미있었어. 이번엔 어떤 수 뛰기인데?

매쓰워치 규칙은 간단해. 어떤 자연수부터 시작해서, 짝수면 2로 나누고, 홀수면 3배를 곱해 1을 더하는 과정을 계속하면, 모든 자연수는 이 과정을 통해 항상 1이 된다는 성질이야. 물론 1이 나타나면 이 과정을 멈추면 되는 거야.

코마 신기하네. 그럼 1은 그냥 끝이네?

매쓰워치 1은 당연히 성립하지? 2는 짝수이니까 2로 나누면 1. 즉, 2→1이 되니까.

베드몬 3은 내가 해 볼게. 3은 홀수이니까 3×3+1=10으로 바꾸고, 10은 짝수이니까 2로 나누어 5가 되고, 5는 홀수이니까 3×5+1=16이 되고, 16은 짝수이니까 2로 나누면 8이 되고, 8은 짝수이니까 2로 나누면 4가 되고, 4는 짝수이니까 2로 나누면 2가 되고, 2는 짝수이니까 2로 나누면 1이 되는군. 3→10→5→16→8→4→2→1

코마 4는 내가 해 볼게. 4→2→1

베드몬 5는 내가. 5→16→8→4→2→1

코마 6은 내가. 6→3→10→5→16→8→4→2→1

베드몬 우와! 신기하다.

코마 수가 커지면 1로 가지 않을지도 모르잖아? 214를 해 볼게.
214→107→322→161→484→242→121→364→182→91→274→137→412

베드몬 이건 자꾸 숫자가 커져. 1이 안 되잖아?

매쓰워치 끈기를 갖고 좀 더 해 봐.

코마 내가 끝을 볼게. 214→107→322→161→484→242→121→364→182→91→274→137→412→206→103→310→155→466→233→700→350→175→526→263→790→395→1186→593→1780→890→445→1336→668→334→167→502→251→754→377→1132→566→283→850→425→1276→638→319→958→479→1438→719→2158→1079→3238→1619→4858→2429→7288→3644→1822→911→2734→1367→4102→2051→6154→3077→9232→4616→2308→1154→577→1732→866→433→1300→650→325→976→488→244→122→61→184→92→46→23→70→35→106→53→160→80→40→20→10→5→16→8→4→2→1 와우! 1로 끝나네.

매쓰워치 1937년에 독일의 수학자 콜라츠는 모든 자연수가 이 과정을 통해 1로 갈 것이라는 추측을 했어. 그래서 이것을 콜라츠 추측이라고 불러. 현재는 컴퓨터를 이용해, 아주 큰 자연수도 이 과정을 통해 항상 1로 간다는 것을 확인했지만 아직까지 콜라츠 추측을 증명한 사람이 없어. 네가 이것을 수학적으로 증명한다면 수학의 역사에 남는 위대한 업적이 될 거야.

〈코아〉 그런데 말이야. 규칙을 바꿔도 모든 자연수가 1로 가게 할 수 있겠는데? 아닌가?

〈베드몬〉 어떻게?

〈코아〉 어떤 자연수부터 시작해서, 짝수면 2로 나누고, 홀수면 3배를 곱한 후에 1을 빼도 1로 갈 수 있어.

2→1

3→8→4→2→1

4→2→1

이런 식으로 말이야.

〈매쓰워치〉 그럴까? 5에서 출발해 봐.

〈코아〉 간단하지. 5→14→7→20→10→5. 헐! 다시 5가 되네?

〈매쓰워치〉 그러니까 규칙을 바꾸면 1로 못 가는 자연수가 있어. 17도 1로 못 가.

17→50→25→74→37→110→55→164→82→41→122→61→182→91→272→136→68→34→17

〈코아〉 하긴 콜라츠 같은 사람이 내가 생각한 것들을 생각해 보지 않았을리가 없지.

〈매쓰워치〉 아니야. 이건 시도를 해 보는 것 자체가 대단한 거야. 위대한 수학자들도 처음은 다 그렇게 시작했어. 자, 이제 다음 현장으로 가 볼까?

큰 기쁨 수
각 자릿수의 합으로 나누어떨어지는 수

코마 큰 기쁨 수라는게 뭐야?

매쓰위치 인도의 수학자 카프레카가 찾아낸 수야. 인도말로는 하샤드 수라고 하는데 하샤드는 큰 기쁨이라는 뜻이야.

코마 그래서 큰 기쁨 수가 되었구나. 어떤 수를 큰 기쁨 수라고 하는 거야?

매쓰위치 18을 봐. 18의 각 자리의 수를 더해 봐.

베드문 1+8=9.

매쓰위치 18은 9로 나누어떨어지지? 이렇게 각 자릿수의 합으로 나누어떨어지는 수를 큰 기쁨 수라고 불러.

코마 17은 큰 기쁨 수가 아니야. 1+7=8이고, 17은 8로 나누어떨어지지 않으니까. 우리가 본 번호판의 수는 큰 기쁨 수 1729였지? 큰 기쁨 수가 맞는지 볼까? 1+7+2+9=19이고, 1729=19×91이니까, 1729는 19로 나누어떨어지네.

매쓰위치 맞아. 큰 기쁨 수를 차례대로 써 보면 다음과 같아. 1, 2, 3, 4, 5, 6, 7, 8, 9, 10, 12, 18, 20, 21, 24, 27, 30, 36, 40, 42, 45, 48, 50, 54, 60, 63, 70, 72, 80, 81, 84, 90, 100, ⋯ 궁금하면 하나씩 계산해 봐!

▶▶▶ **개념 정리 QUIZ**

1. 한 자리 수는 모두 큰 기쁨 수임을 확인하라.

2. 7에서 출발해 콜라츠 추측을 확인해라.

3. 19는 행복수임을 보여라.

※ Quiz의 정답은 129쪽에 있습니다.

▶▶▶ **개념 다지기**

정완상 교수의 QR 강의

과학에 나타나는 수 뛰기

수 뛰기가 과학에서는 어떻게 이용되고 있는지 살펴봅시다. 허셜에 의해 천왕성이 발견되자, 1766년 비텐베르그 대학의 교수였던 티티우스는 행성들 사이의 간격에 일정한 규칙이 존재한다는 것을 알아냈어요. 이 사실은 1772년 보데가 쓴 책에 소개되었는데 이 규칙을 티티우스-보데의 법칙이라고 부르지요.

태양에서 각각의 행성까지의 거리를 조사해 볼까요? 우선 그것을 위해서는 천문단위(AU)에 대해 알 필요가 있어요. 1AU는 지구에서 태양까지의 거리인 1억 5천만 킬로미터를 나타내요. 이제 AU 단위로 태양에서 각 행성까지의 거리를 알아봅시다. 다음과 같은 수 뛰기를 살펴봅시다.

0, 3, 6, 12, 24, □, □, □

□안에 들어갈 숫자를 쉽게 찾을 수 있을 거예요. 처음 숫자인 0을 제외하고는 앞의 숫자에 2를 곱하면 되지요? 그러므로 다음과 같아요.

0, 3, 6, 12, 24, 48, 96, 192

이제 각각의 숫자에 4를 더해 봅시다.

4, 7, 10, 16, 28, 52, 100, 196

다시 각각의 숫자를 10으로 나눠 볼까요?

0.4, 0.7, 1, 1.6, 2.8, 5.2, 10, 19.6

이것이 태양으로부터 각 행성까지의 거리를 AU 단위로 나타낸 것이에요. 티티우스와 보데가 발견한 규칙이지요. 다시 말하면 다음과 같아요.

수성까지의 거리 = 0.4AU
금성까지의 거리 = 0.7AU
지구까지의 거리 = 1.0AU
화성까지의 거리 = 1.6AU
소행성대까지의 거리 = 2.8AU
목성까지의 거리 = 5.2AU
토성까지의 거리 = 10.0AU
천왕성까지의 거리 = 19.6AU

티티우스와 보데의 예측대로라면, 그의 수 뛰기에서 태양에서 2.8AU 되는 위치에 행성이 있을 것으로 추측되었는데 그 지역에는 새로운 행성이 없고 수천 개의 소행성들이 모여 있는 소행성대가 있었어요. 이것은 원래 그 지역에 행성이 있었지만 거대한 질량을 가진 목성이 그 행성에 큰 만유인력을 작용해 행성을 이루지 못하고 여러 개의 작은 소행성들로 분열된 것으로 여겨지고 있습니다.

티티우스-보데의 법칙이 알려진 후 천문학자들은 천왕성 바깥의 행성을 찾으려고 시도했어요. 천왕성의 궤도를 관측하던 프랑스의 수학자 르베리에와 영국의 수학자 애덤스는 천왕성이 천왕성 밖에서 당기는 어떤 힘 때문에 똑바로 가지 못하고 한다는 사실을 알아냈지요.

두 사람은 제각기 천왕성 밖에 새로운 행성이 있다고 가정하고 뉴턴의 만유인력의 법칙을 이용하여 천왕성의 변덕스러운 움직임을 설명하는 지루하고도 긴 계산에 뛰어들었어요. 서로 만난 적도 없던 두 사람은 거의 동시에 같은 결과를 이루어냈어요. 그리고 1864년 갈레가 르베리에와 애덤스가 말한 위치에서 천왕성 밖의 행성인 해왕성을 발견했답니다.

QR코드를 통해 정완상 교수의 강의를 직접 들어 봅시다.

피보나치 수
다리를 건너라

피보나치 수 뛰기는 앞선 두 수의 합이 그다음 수가 되는 수 뛰기를 말한다. 앞선 세 수의 합이 그다음 수가 되는 트리보나치 수 뛰기, 앞선 네 수의 합이 그다음수가 되는 테트라보나치 수 뛰기는 피보나치 수 뛰기가 응용된 것이다. 피보나치 수 뛰기가 가진 여러 가지 재미있는 성질들을 살펴보자.

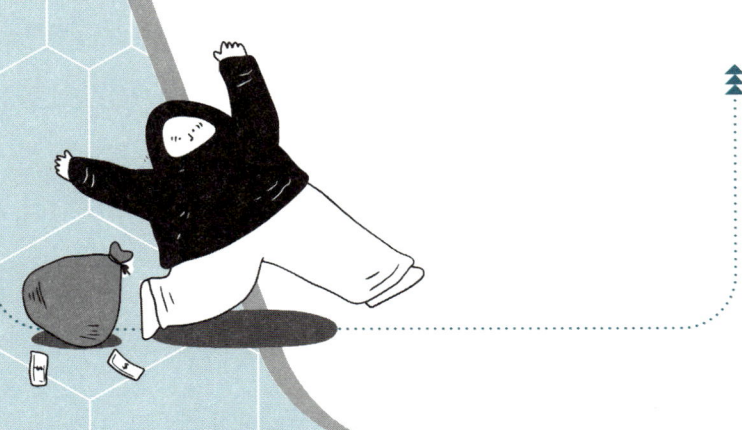

피보나치 수 다리를 건너라
이웃한 두 수를 더하는 규칙

매쓰워치 이번에는 아주 유명하고 재미있는 수 뛰기를 배울 거야. 베드몬, 피보나치 다리로 데려다 줘!

베드몬 좋아! 피보나치 브리지로 GO!

매쓰워치 코마, 여기가 네가 건너가야 할 다리야.

코마 뭐야? 교각만 있잖아? 그런데 여길 어떻게 건너가?

매쓰워치 걱정마. 내가 이동 마법을 써서 널 이동시켜 줄 거니까. 자, 코마! 나만 믿고 1, 2, 3, 5, 8번 교각으로 차례대로 이동해 봐!

코마 좋아. 1, 2, 3, 5, 8. 이제 다음은 어디로 뛰면 되지?

매쓰워치 그건 네가 찾아내야 해.

코마 너무 쉬운데? 2에서 3으로 1칸, 3에서 5로 2칸, 5에서 8로 3칸

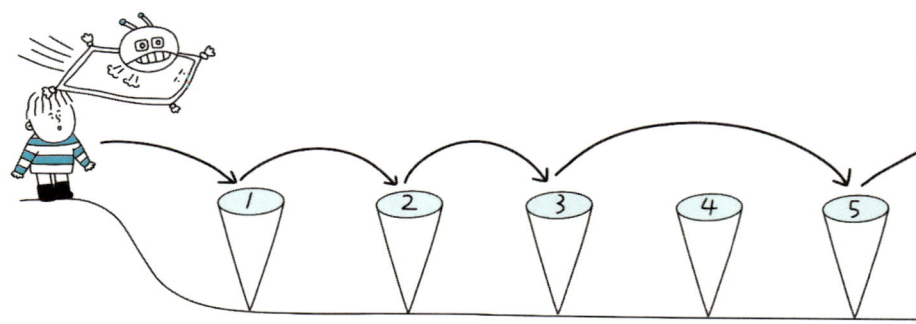

뛰었으니까 다음 차례는 8에서 4칸을 뛴 12번이야. 이제 12번으로 깡충 이동! 으악!

매쓰워치 앗! 틀렸어. 네 규칙대로라면 1에서 2로 가는 것이 설명이 안 돼. 2에서 3으로 1칸 이동했다면, 1에서는 0칸을 이동해야 하잖아? 그런데 실제로는 1에서 2로는 1칸을 이동했으니 네가 말한 규칙은 성립되지가 않아. 자, 처음 두 수를 더해 봐.

코마 1+2=3

매쓰워치 두 번째와 세 번째 수를 더해 봐. 그리고 나서 세 번째와 네 번째 수도 더해 보고.

코마 두 번째와 세 번째 수의 합은 2+3=5이고, 세 번째와 네 번째 수의 합은 3+5=8이야.

매쓰워치 그 수들에서 어떤 규칙이 보이니?

코마 앞선 두 수를 더하면 그다음 수가 나와. 그렇다면 8 다음의 수

93

는 5+8=13이고, 13 다음의 수는 8+13=21이 되는군. 그럼 1, 2, 3, 5, 8 다음 수는 13, 21이겠네.

매쓰위치 재미있는 규칙이지? 이 규칙으로 수 뛰기를 찾아낸 사람은 이탈리아의 수학자 피보나치야.

코마 그래서 이 다리의 이름이 피보나치 다리구나. 피보나치가 언제 이 규칙을 찾아냈지?

베드문 피보나치는 1202년에 이 수 뛰기를 처음 찾아냈어. 피보나치는 1170년 이탈리아 피사에서 태어났대. 어린 시절 그는 상인인 아버지를 따라 이집트, 시칠리아, 그리스 등을 자주 방문하면서 인도와 아라비아 사람들에게 수학을 배웠지. 1202년 그는 고향으로 돌아와 유명한 수학책 『산반서, Liber abaci』를 썼어. 이 책에서 그는 피보나치 수 뛰기로 알려진 재미있는 수 뛰기를 소개했지.

피보나치 식물원에 핀 꽃들의 비밀
네 잎 클로버는 안 된다고?

> **코마** 피보나치 수 뛰기는 재미있기는 하지만 우리 주위에서는 나타나지 않잖아?

> **매쓰워치** 과연 그럴까? 베드몬! 우리를 피보나치 식물원으로 데려다 줘!

> **코마** 화분이 8개 있네. 그런데 왜 F4, F6, F7 화분에는 꽃이 없지?

> **매쓰워치** 꽃잎의 수를 잘 봐. F1 화분에 있는 꽃은 꽃잎이 1개인 카라라고도 불리는 화이트칼라 백합, F2 화분에 있는 꽃은 꽃잎이 2개인 등대풀, F3 화분에 있는 꽃은 꽃잎이 3개인 붓꽃, F5 화분에 있는 꽃은

꽃잎이 5개인 채송화, F8 화분에 있는 꽃은 꽃잎이 8개인 코스모스야. 꽃잎의 개수를 보면, 1, 2, 3, 5, 8로 피보나치 수 뛰기를 하고 있잖아? 자연에 있는 많은 꽃잎의 개수는 거의 대부분 피보나치 수 뛰기에 나타나는 수들이야. 피보나치 수 뛰기에 나타나는 수들을 피보나치 수라고 불러.

〈코마〉 There is no rule but has exceptions.

〈베드몬〉 무슨 말이지?

〈코마〉 예외 없는 규칙은 없다는 뜻이야. 베드몬! 우리 집 마당으로 나를 순간이동 시켜 줘. 뭘 좀 가지고 올 게 있어.

〈매쓰워치〉 대체 뭘 가져오려고 저러는 거지?

〈코마〉 고마워, 베드몬! 자, 네 잎 클로버야! 네 잎 클로버는 꽃잎이 4개이니까 F4 화분의 주인이지. F4 화분에 심어야겠어.

〈매쓰워치〉 코마, 네 잎 클로버는 안 돼! 여기는 피보나치 식물원이라, 꽃잎의 수가 피보나치 수가 아닌 꽃은 심을 수 없단 말이야. 그리고 클로버 잎이 꽃의 잎은 아니지 않니?

〈코마〉 그렇군. 그렇다면 네 잎 클로버는 베드몬에게 선물로 줘야겠어.

트리보나치 수 뛰기와 테트라보나치 수 뛰기
피보나치 수 뛰기를 응용해 만들었대!

배드몬 매쓰워치! 내가 새로운 수 뛰기를 만들었어. 1, 2, 3, 6, 11, 20, 37, …이야.

코마 대단한데. 어떤 규칙이 있어?

배드몬 앞의 세 수를 더하면 그다음 수가 나타나는 수 뛰기야. 1+2+3=6, 2+3+6=11, 3+6+11=20, 6+11+20=37이 되는 거야? 어때? 멋있는 수 뛰기지?

매쓰워치 배드몬, 대단해! 하지만 이 수 뛰기는 다른 수학자들이 이미 만들었어.

배드몬 에고! 한발 늦었네.

매쓰워치 너는 다른 사람이 한 일을 보지 않고, 이 수 뛰기를 찾아냈잖아? 그 점은 대단한 거야. 사실 네가 말한 그 수 뛰기는 트리보나치 수 뛰기라고 불러.

코마 트리보나치라는 사람이 발견했구나.

매쓰워치 아니. 트리보나치는 3을 나타내는 고대 그리스 말인 트리(tri)와 피보나치의 이름을 붙여서 만든 단어야.

코마 4를 나타내는 고대 그리스어는 테트라(tetra). 그럼 테트라보나치 수 뛰기도 있겠네.

매쓰워치 물론이야. 앞의 네 수를 더하면 그다음 수 뛰기가 나타나는 수 뛰기가 바로 테트라보나치 수 뛰기야.

베드몬 좋아. 처음 네 개의 수를 1, 2, 3, 4로 시작해서 내가 테트라보나치 수 뛰기를 만들어 볼게. 테트라, 4개의 수를 더해서 나타내야 하니까 차례대로 더해야지. 1+2+3+4=10, 2+3+4+10=19, 3+4+10+19=36이 되는군. 테트라보나치 수 뛰기는 1, 2, 3, 4, 10, 19, 36, …이 돼.

매쓰워치 이제 수 뛰기의 도사들이 다 됐군!

피보나치 수 뛰기의 재미난 성질
두 수 사이의 차가 다시 피보나치 수 뛰기를 만든다고?

매쓰워치 피보나치 수 뛰기에는 재미있는 성질들이 많아. 먼저 피보나치 수 뛰기를 써 볼게. 1, 2, 3, 5, 8, 13, 21, 34, 55, 89, … 이제 2부터 시작해서 나열된 두 수 사이의 차이를 써 봐.

베드몬 내가 해 볼게. 1, 2, 3, 5, 8, 13, 21, 34, 55, 89, … 와우! 다시 피보나치 수 뛰기가 되었어.

매쓰워치 피보나치 수 뛰기의 차이들은 다시 피보나치 수 뛰기가 되는 재미있는 성질을 가져.

코마 또 다른 재미있는 성질도 있어?

매쓰워치 그럼. 피보나치 수 뛰기에는 재미있는 성질들이 많아. 네 번째 수인 5부터는 재미난 규칙을 찾을 수 있어. 네 번째 수를 두 번째 수로 나눈 몫과 나머지를 구해 봐.

코마 5÷2=2…1이니까 몫은 2이고 나머지는 1이야.

매쓰워치 잘했어. 다시 다섯 번째 수도 세 번째 수로 나눈 몫과 나머지를 구해 봐.

베드몬 8÷3=2…2이니까 몫은 2이고 나머지는 2이지.

매쓰워치 여섯 번째 수를 네 번째 수로 나눈 몫과 나머지도 앞서 계산한 것처럼 구해 볼래?

코마 13÷5=2…3이니까 몫은 2이고 나머지는 3이야.

매쓰워치 맞아. 또 반복하는 거야. 일곱 번째 수를 다섯 번째 수로 나눈 몫과 나머지도 구해 봐.

베드몬 21÷8=2…5이니까 몫은 2이고 나머지는 5.

매쓰워치 이제 여덟 번째 수를 여섯 번째 수로 나눈 몫과 나머지도 구해야겠지?

코마 34÷13=2…8이니까 몫은 2이고 나머지는 8이군. 계산하면 몫이 항상 2가 되네.

매쓰워치 나머지들을 차례로 써 볼래?

베드몬 1, 2, 3, 5, 8, …. 아니, 이것은?

코마 와우! 나머지들을 모으니 피보나치 수 뛰기가 되네!

매쓰워치 피보나치 수 뛰기의 재미있는 성질이야.

피보나치 수 뛰기와 계단 오르기
피보나치 수 뛰기를 이용해 계단을 오르는 여러 가지 방법들

<코마> 매쓰워치! 왜 우리를 여기로 데려왔어? 계단 오르기 게임이라도 하려는 거야?

<매쓰워치> 계단을 오르는 여러 가지 방법들을 피보나치 수 뛰기로 설명할 수 있어서야.

<코마> 어떻게?

<매쓰워치> 계단을 한 칸 또는 두 칸 올라갈 수 있다고 해 보자. 그럼 계단 한 칸을 올라가는 방법은 몇 가지일까?

<코마> 계단이 한 칸 밖에 없으니까 한 칸 올라가야 하네. 그럼 방법은 1가지.

<매쓰워치> 그럼 계단 두 칸을 올라가는 방법은 몇 가지야?

<베드몬> 한 칸 올라가고 또 한 칸 올라가는 방법과 한 번에 두 칸 올라가는 방법이 있으니까 방법은 두 가지.

<매쓰워치> 잘했어. 이것을 다음과 같이 쓸 수 있어. 1칸-1칸, 2칸. 그러면 계단 세 칸을 올라가는 방법은?

<코마> 간단하지. 1칸-1칸-1칸, 1

칸-2칸, 2칸-1칸이니까 방법은 세 가지야.

매쓰워치 그럼 계단 4칸을 올라가는 방법은?

베드몬 이건 내가 할게. 1칸-1칸-1칸-1칸, 1칸-1칸-2칸, 1칸-2칸-1칸, 2칸-1칸-1칸, 2칸-2칸이니까 5가지 방법이 있어.

매쓰워치 마지막으로 계단 5칸을 올라가는 방법은?

⟨코마⟩ 내가 해 볼게. 1칸-1칸-1칸-1칸-1칸, 1칸-1칸-1칸-2칸, 1칸-1칸-2칸-1칸, 1칸-2칸-1칸-1칸, 2칸-1칸-1칸-1칸, 1칸-2칸-2칸, 2칸-1칸-2칸, 2칸-2칸-1칸이니까 8가지 방법이나 돼.

⟨매쓰워치⟩ 지금까지 너희들이 한 것을 표로 정리해 볼게.

계단의 개수 (개)	올라가는 방법의 수 (개)
1	1
2	2
3	3
4	5
5	8

⟨코마⟩ 계단을 올라가는 방법의 수를 차례대로 쓰면 1, 2, 3, 5, 8이야. 피보나치 수 뛰기가 나타났네!

⟨매쓰워치⟩ 그래, 잘했어.

▶▶▶ 개념 정리 QUIZ

1. 다음과 같은 수 뛰기가 있다.

1, 2, 3, 4, 5, 15, 29, 56…

이 수 뛰기는 어떤 규칙을 만족하는가?

2. 피보나치 수 뛰기의 수들 중에서 100보다 작은 소수인 수만을 택한 수 뛰기를 써 보자.

3. 다음 암호문을 읽고 나의 직업을 알아내라. (힌트, 피보나치 수 뛰기)

I am global stewardess.

My hope is extreme sports.

I sometimes play recorder.

※ Quiz의 정답은 130쪽에 있습니다.

개념 다지기 — 정완상 교수의 QR 강의

피보나치의 토끼

자, 여기 귀여운 몬스터가 있습니다. 이름은 몽끼. 몽끼는 1달을 자란 후 두 번째 달부터 매달 새끼를 1마리씩 낳습니다. 일정 시간이 지난 후, 갓 태어난 몽끼가 있을 때, 이 몽끼가 몇 번째로 태어난 것인지를 알 수 있을까요? 처음에는 1마리, 1달 후에는 자라고 있는 중이니까 그래도 1마리겠지요. 2달 후엔 몽끼가 새끼를 낳으니까 2마리가 되고요. 이것을 그림으로 나타내 볼까요?

갓 태어난 몽끼를 ○, 1달된 몽끼를 ●, 2달된 몽끼를 ●으로 표현해 봅시다.

처음   ○
1달 후 ●
2달 후 ● ○
3달 후 ● ● ○
4달 후 ● ● ● ○ ○
5달 후 ● ● ● ● ○ ○ ○

이때 몽끼의 수를 차례로 쓰면, 1, 1, 2, 3, 5, 8, 13, 21, 34, …이 됩니다. 이미 눈치를 챈 친구들도 있겠지만, 이것은 바로 피보나치 수 뛰기이지요.

QR코드를 통해 정완상 교수의 강의를 직접 들어 봅시다.

GAME 7

황금비 음모론

피보나치 수 뛰기에서 앞의 수로 뒤의 수를 나누면 약 1.618이라는 숫자에 가까워지는 데 이 값을 황금비라 불렀다. 많은 책에서 파르테논 신전이나 모나리자의 얼굴, 앵무조개의 껍질, 주민등록증 같은 자연과 건축물 속에 아름다운 황금비가 숨어 있다고 소개해 왔다. 하지만, 연구 결과 거짓임이 드러났다. 황금비라는 아름다운 이름을 붙인 이들이 만들어 낸 음모론이랄까?

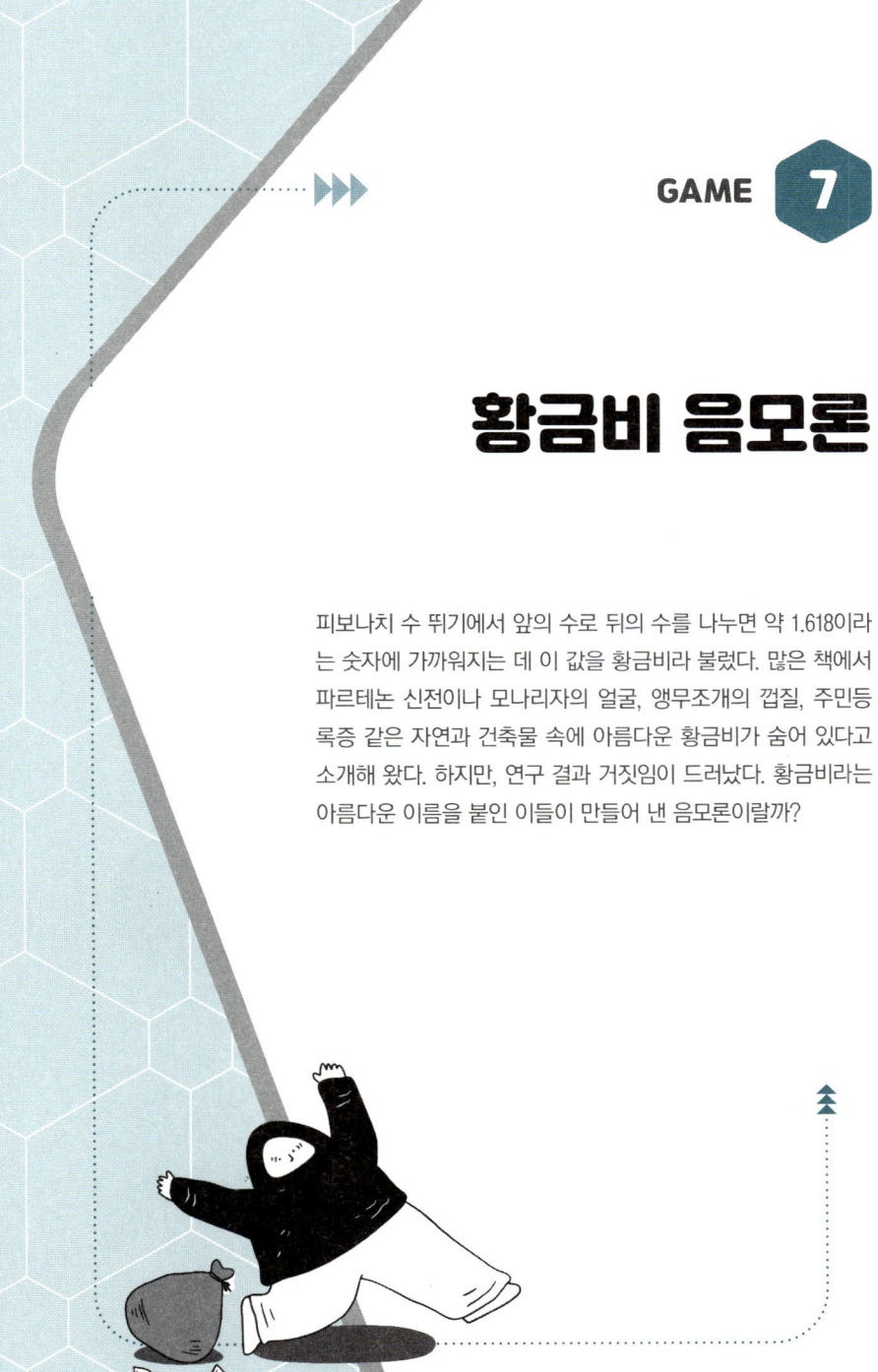

황금비가 뭘까?
또 피보나치 수 뛰기 등장!

코마 골든레이시오의 랩, 정말 멋있지 않아?

베드몬 그래 그래, 라임이 있어. 한 글자 여섯 글자 한 글자 여덟 글자의 라임이야.

코마 그게 무슨 말이야?

베드몬 가사 첫 줄을 봐. 넌 아름다운인생 넌 조화로운삶을살지. 여기에서 넌은 1글자, 아름다운인생은 6글자, 또 넌은 1글자, 조화로운삶을살지는 8글자. 1, 6, 1, 8 라임이지.

매쓰워치 이 노래가 요즘 골드시티에서 핫한 노래지. 1.618은 황금비(Golden Ratio)의 근사값이고. 사실 황금비는 1.61803…으로 소수점 아래의 수가 끝없이 이어지는 수야. 그래서 소수점 넷째 자리에서 반올림을 해서 소수점 셋째 자리까지 나타낸 것이 1.618이야.

코마 황금비가 뭐지?

매쓰워치 황금비는 피보나치 수 뛰기에서 나와.

코마 피보나치 수 뛰기는 1, 2, 3, 5, 8, 13, 21, 34, …이잖아. 우리가 이미 살펴봤는데, 황금비는 못 들었던 것 같은데?

매쓰워치 앞의 수로 뒤의 수를 나눠 봐. 계산기를 이용해 반올림해서 소수점 셋째 자리까지만 나타내 봐.

베드몬 내 몸에 계산기가 내장되어 있으니까 내가 해 볼게. 반올림해서 소수점 셋째 자리까지 쓰면, 2÷1=2, 3÷2=1.5, 5÷3=1.667, 8÷5=1.600, 13÷8=1.625, 21÷13=1.615, 34÷21=1.619, 55÷34=1.618

코마 우와! 1.618, 매쓰워치가 말했던 황금비가 나왔어!

매쓰워치 피보나치 수 뛰기에서 어떤 수를 앞의 수로 나눈 비율은 점점 황금비에 가까워져.

황금비를 만드는 또 다른 방법
자연과 건축물 속 황금비의 실체!

매쓰워치 황금비를 만드는 다른 방법이 있어. $1+\dfrac{1}{1+1}$ 이 식을 계산해 봐.

코마 간단하지. $1+\dfrac{1}{1+1} = 1+\dfrac{1}{2} = 1.5$

매쓰워치 이번에는 $1+\dfrac{1}{1+\dfrac{1}{1+1}}$ 을 계산해 봐.

베드몬 이건 내가 해 볼게. $1+\dfrac{1}{1+\dfrac{1}{1+1}} = 1+\dfrac{1}{1+\dfrac{1}{2}} = 1+\dfrac{2}{3} ≒ 1.667$

매쓰워치 이 과정을 한 번 더 계산해 봐. $1+\dfrac{1}{1+\dfrac{1}{1+\dfrac{1}{1+1}}}$ 를 계산하면?

코마 이번에는 내가 해 볼게.

$$1+\cfrac{1}{1+\cfrac{1}{1+\cfrac{1}{1+1}}} = 1+\cfrac{1}{1+\cfrac{1}{1+\cfrac{1}{2}}} = 1+\cfrac{1}{1+\cfrac{2}{3}} = 1+\cfrac{3}{5} = 1.6$$

매쓰워치 한 번 더 반복해 볼까?

베드몬 좋아.

$$1+\cfrac{1}{1+\cfrac{1}{1+\cfrac{1}{1+\cfrac{1}{1+1}}}} = 1+\cfrac{1}{1+\cfrac{1}{1+\cfrac{1}{1+\cfrac{1}{2}}}} = 1+\cfrac{1}{1+\cfrac{1}{1+\cfrac{2}{3}}} = 1+\cfrac{1}{1+\cfrac{3}{5}} = 1+\cfrac{5}{8}$$

$= 1.625$

매쓰워치 계속해 봐!

코마 좋아. 이제부터는 계산기를 사용할게.

$$1+\cfrac{1}{1+\cfrac{1}{1+\cfrac{1}{1+\cfrac{1}{1+\cfrac{1}{1+1}}}}} \fallingdotseq 1.615$$

$$1+\cfrac{1}{1+\cfrac{1}{1+\cfrac{1}{1+\cfrac{1}{1+\cfrac{1}{1+\cfrac{1}{1+1}}}}}} \fallingdotseq 1.619$$

$$1+\cfrac{1}{1+\cfrac{1}{1+\cfrac{1}{1+\cfrac{1}{1+\cfrac{1}{1+\cfrac{1}{1+1}}}}}} \fallingdotseq 1.618$$

베드몬 와우! 드디어 황금비가 나왔어.

코마 그런데 왜 이 비율을 황금비라고 부르는 거야?

매쓰워치 재미있는 사실은 이 비율을 발견한 수학자는 이 비율을 황금비라고 하지 않았다는 거야.

코마 누가 이 비율을 발견했는데?

매쓰워치 고대 그리스의 수학자 히파수스와 유클리드는 도형을 연구하다 보면 이 비율이 자주 나타난다는 것을 알아냈지. 하지만 그들은 이 비율을 특별히 아름다운 비율로 생각하지 않았어. 이 비율은 피보나치 수 뛰기에서 나오는 특별한 비율일 뿐이야. 이 비율을 언제 누가 황금비라고 불렀는지는 잘 알려지지 않았지만 아마도 피보나치 수 뛰기를 굉장히 좋아하는 사람이 이런 이름을 붙였을 것 같아.

코마 자연 속에 황금비가 많이 나타난다는데 사실이야?

매쓰워치 그건 거짓! 조작일 뿐이야. 그리스의 파르테논 신전, 모나리자의 얼굴, 다비드상, 앵무조개, 주민등록증 등에 황금비가 나타난다는 인터넷 글이나 책들이 많은데, 모두 거짓말이야.

코마 내가 읽은 책에서는 사실이라고 하던데? 완전 자세히 적혀 있었단 말이야.

매쓰워치 다음 그림을 봐.

매쓰워치 1992년 미국 메인대학교의 마코스키 교수는 미국 뉴욕대학교의 트라첸버그 교수와 함께 파르테논 신전의 길이를 정확하게 측정하는 작업을 했어. 그동안 사람들은 파르테논 신전 정면의 가로와 세로의 비율이 황금비인 1.618:1을 따른다고 믿어 왔지만, 실제 측정 결과 파르테논 신전의 가로와 세로의 비율은 9:4가 된다는 것을 알아냈어. 그 후로도 많은 전문가들이 파르테논 신전에 대한 정밀한 측정을 했고, 이를 통해 파르테논 신전 속에는 황금비가 없다는 것을 알아냈지.

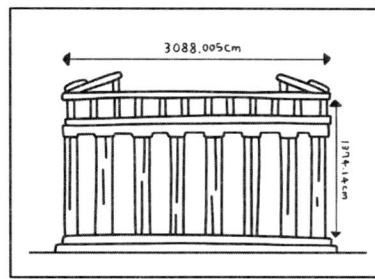

뉴욕대 교수팀이 측정한 길이
신전 폭 3088.005cm
신전 높이(삼각 지붕 제외) 1374.14cm
신전 옆면 폭 6949.7575cm
신전 정면의 가로·세로 비율
=3088.005÷1374.14≒2.25⇒9:4
신전 옆면의 가로·세로 비율
=6949.7575÷1374.14≒5.06⇒81:16

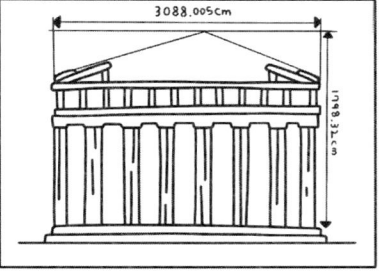

그리스 전문가가 측정한 길이
신전 폭 3088.005cm
신전 높이(삼각 지붕 포함) 1798.32cm
신전 정면의 가로·세로 비율
=3088.005÷1798.32≒1.72⇒황금비 아님

베드몬 완전히 속았네.

매쓰워치 그래서 요즘 교과서에는 건축물이나 예술 자연에서 나타나는 황금비에 대한 이야기를 모두 삭제하고 있어. 또 하나 예를 들어 볼게. 다음 그림을 봐.

코아 레오나드로 다빈치의 모나리자잖아. 너무 유명한 그림이라서 잘 알지.

베드몬 저 여인의 이름이 모나리자이지?

매쓰워치 아니야. 모나(Monna)는 결혼한 여자를 뜻하니까 여인의 이름은 리자야. 이 그림은 가로 53cm, 세로 77cm이고 1503년에서 1506년 사이에 다빈치가 그린 것으로 알려져 있어. 모나리자의 얼굴을 둘러싸

는 직사각형의 가로와 세로의 비가 황금비라고 주장하지만 실제로 가로와 세로의 비율은 1:1.6이야.

코마 1.6은 황금비 1.618과 비슷하잖아?

매쓰워치 비슷하긴 하지만 같지는 않지. 그리고 1:1.6은 자연수의 비로 나타낼 수 있어. 1:1.6은 분수로 쓰면, $1:\dfrac{8}{5}$가 되고, 비례식에서는 같은 수로 곱해도 비례식이 달라지지 않아. 그러니까 5를 곱하면 5:8이라는 자연수의 비가 되잖아? 황금비는 자연수의 비로 나타낼 수 없거든. 그러니까 모나리자의 얼굴 속에도 황금비는 없어. 앵무조개나 주민등록증 등 그동안 사람들이 황금비가 들어 있다고 한 것도 모두 거짓이야. 자연이나 건축물 속에는 황금비가 없어. 황금비는 단지 어떤 수 뛰기에서 두 수 사이의 비가 일정한 값에 가까워질 때 그 일정한 값의 한 종류일 뿐이야.

코마 많은 책에서 황금비에 대해 설명하면서 모나리자나 파르테논 신전, 앵무조개를 예로 들었었어. 읽으면서 정말 신기하다고 생각했는데, 모두 거짓이라니 조금 허무하네.

매쓰워치 맞아. 그래도 잘못 알려진 사실들은 바로잡는 것이 맞지. 이제 우리도 집으로 돌아갈까?

베드몬 그래! 아쉽지만, 코마의 집으로 이동!

▶▶▶ 개념 정리 QUIZ

1. 황금비 1.618을 기약분수로 나타내라.

2. 1을 황금비로 나눈 값에 1을 더한 값을 반올림을 이용해 소수점 셋째 자리까지 나타내라.

3. 다음 수 뛰기의 규칙을 설명하라.
1, 1, 1, 2, 2, 2, 1, 3, 2, 3, 3, 3, 1, 4, 2, 4, 3, 4, 4, …

※ Quiz의 정답은 131쪽에 있습니다.

개념 다지기

황금 분할

다음 그림을 먼저 살펴봅시다.

선분 AC 사이에 점 B가 있습니다. 이때, AC:AB=AB:BC가 되도록 점 B를 택하는 것을 선분 AC의 황금 분할이라고 불러요. 선분 AB의 길이를 ㉠이라고 하고 선분 BC의 길이를 ㉡이라고 하면, (㉠+㉡):㉠=㉠:㉡이 되므로, ㉠×㉠=㉡×(㉠+㉡)이 됩니다. 이 식은 ㉠×㉠=㉡×㉠+㉡×㉡이 되고, 등호의 왼쪽과 오른쪽을 똑같이 ㉡×㉡으로 나누어 주면, (㉠÷㉡)×(㉠÷㉡)=1+㉠÷㉡이 돼요. 여기서 ㉠÷㉡≒1.618이 되어, 황금비가 되지요.

QR코드를 통해 정완상 교수의 강의를 직접 들어 봅시다.

부록

[수학자에게서 온 편지]
가우스

[논문]
1부터 어떤 자연수까지의 합을 빠르게 구하는 방법에 관한 연구

개념 정리 QUIZ 정답

용어 정리 & 찾아보기

| 수학자에게서 온 편지 |

가우스
(Johann Carl Friedrich Gauss)

안녕하세요. 나는 독일의 수학자 가우스예요. 나는 1777년 4월 30일 독일(당시에는 신성로마제국) 브라운 슈바이크에서 태어났어요. 나는 어릴 때부터 수학을 좋아했어요. 다른 친구들보다 계산을 아주 잘했지요. 다섯 살 때 아버지께서 직원들 월급을 계산하시는데, 아버지의 계산이 틀렸다는 것을 눈치챌 정도였어요. 초등학교 수업 시간에 선생님이 1부터 100까지를 더하는 문제를 냈어요. 친구들은 1+2=3, 3+3=6, 6+4=10, 이런 식으로 지루한 덧셈을 반복했지만 나는 같은 간격 수 뛰기에 대한 덧셈 공식을 발견해 순식간에 5050이 답이라는 것을 말했지요. 깜짝 놀란 선생님은 나의 수학적인 재능을 인정해 주시기 시작했어요. 다음 페이지에 내가 어떻게 지루한 덧셈을 반복하지 않고, 같은 간격 수 뛰기에 대한 덧셈 공식을 발견해 그 답을 알아냈는지에 대해 논문 형태로 자세히 적어두었으니 참고해 보길 바랍니다.

나는 오랫동안 독일 괴팅겐 대학교에서 천문학과 교수로 학생들을 가르치고, 연구도 했어요. 하지만 워낙 소심하고 내성적인 성격 탓에 가르치는데 스트레스를 많이 받았고, 내가 연구한 것을 다른 사람 앞에서 발표하는 것을 두려워했어요. 그래서 나는 완벽한 결과가 되지 않으면 발표하지 않았고, 혹시나 누가 나의 연구 결과를 볼까 봐, 나의 연구 결과를 암호문으로 작성했지요. 지금도 수학자들이 내가 쓴 암호문이 어떤 수학 연구인지를 밝히려고 노력하고 있어요.

나는 항상 외계인이 있을 것이라고 믿었어요. 그래서 사람들에게 거대한 횃불을 산에 설치해 외계인과 대화해야 한다고 주장했지요. 내가 죽고 160여 년이 지난 후인, 2018년에 미국의 MIT 대학에서는 우주에 조명을 설치하여 외계인과 대화하는 방법을 제안하기도 했답니다.

나는 대수학과 기하학을 주로 연구했어요. 가장 유명한 것은 대수학의 기본 정리에 대한 연구입니다. 또한 19살에 정17각형은 자와 컴퍼스만으로 작도할 수 있다는 것을 알아냈지요. 같은 방법으로 정257각형, 정65537각형 또한 작도가 가능하다는 사실도 알아냈어요. 나는 친구들에게 내가 죽거든 묘비에 정17각형을 그려 달라고 부탁했는데 친구들은 정17각형이 원과 비슷하게 생겼기 때문에 17개의 점으로 이루어진 별 모양을 그려 주었답니다.

사진 : public domain/wikipedia

성림주니어북 수학연구소 논문, 120쪽

1부터 어떤 자연수까지의 합을 빠르게 구하는 방법에 관한 연구

가우스, 1787년(독일 괴팅겐 초등학교)

요약

이 연구에서 1부터 어떤 자연수까지의 합을 빠르게 구하는 공식을 찾아냈다.

1. 서론

자연수는

1, 2, 3, 4, ⋯   (1)

으로 정의된다. 즉, 자연수에서 앞에 있는 수에 1을 더하면 그다음 자연수가 나온다. 이런 식으로 계속되면 자연수는 끝없이 많다는 것을 알 수 있다. 우리가 1부터 4까지의 합을 구하는 과정을 생각해보자. 이것을 기호로 나타내면

1+2+3+4   (2)

가 된다. 여기서 더하기 기호(+)는 이탈리아의 레오나르도 피사도[1]가 1300년경에 처음 사용했다. 식(2)를 계산하려면 먼저 1+2=3이 된다.

그러므로 (2)는 3+3+4가 되고, 여기서 3+3=6을 이용하면 (2)는 6+4=10이 되어, 1부터 4까지의 합은 10이 된다. 이 방법은 그동안 1부터 어떤 자연수까지의 합을 구하는 방법으로 알려져 왔다. 하지만 이 방법으로 1부터 10000까지의 합을 구하려면 엄청나게 많은 시간이 필요하다. 이 논문에서 나는 1부터 어떤 자연수까지의 합을 빠르게 구하는 공식을 찾는다.

2. 1부터 10까지의 합을 구하는 공식

이 단원에서 우리는 1부터 10까지의 자연수의 합을 빨리 계산하는 방법을 찾으려고 한다. 우리가 계산하려는 식을 ㉠이라고 놓으면

㉠=1+2+3+4+5+6+7+8+9+10　　　(3)

이 된다. 덧셈에 대해서는 자리를 바꾸어도 결과가 같아지므로

㉠=10+9+8+7+6+5+4+3+2+1　　　(4)

식 (3)과 식(4)를 더해 보자.

㉠+㉠=1+2+3+4+5+6+7+8+9+10
　　　+10+9+8+7+6+5+4+3+2+1　　(5)

식(5)를 보면, 위와 아래의 수들의 합이 같다는 것을 알 수 있다.

1+10=11

2+9 =11

3+8 =11

4+7=11

5+6=11

6+5 =11

7+4=11

8+3 =11

9+2 =11

10+1=11

덧셈에서 자리를 바꾸어도 결과가 달라지지 않는다는 사실로부터 우리는 식(5)를 다음과 같이 쓸 수 있다.

㉠+㉠=(1+10)+(2+9)+(3+8)+(4+7)+(5+6)+(6+5)+(7+4)+(8+3)+(9+2)+(10+1)=11+11+11+11+11+11+11+11+11+11=11×10=110

한편, (5)의 등호(=)의 왼쪽은

㉠+㉠=2×㉠   (6)

이 되므로, 2×㉠=110이 된다. 한편, 110은 2×55와 같으므로 2×㉠=2×55이 되어, ㉠=55가 된다. 이것은 1부터 10까지의 덧셈을 빠르게 구하는 방법이다.

3. 1부터 어떤 자연수 □까지의 합을 구하는 공식

우리가 어떤 자연수 □까지의 합을 구할 때는 어떻게 할까? 예를 들어 1부터 368까지의 합이나 1부터 10000까지의 합을 구해야 하는 경우를 생각해 보자.

과거의 방법으로 여기서 우리는 2단원에서 사용한 방법으로 어떤 수 □까지의 합을 빠르게 구하는 공식을 찾으려고 한다. 우리가 구하려는 값을 ㉠이라고 두면,

㉠=1+2+3 +⋯+(□-2)+(□-1)+□   (7)

이 된다. 덧셈에 대해서는 자리를 바꾸어도 결과가 같아지므로
㉠=□+(□-1)+(□-2)+⋯+3+2+1   (8)

식(7)과 식(8)을 더해 보자.
㉠+㉠=1+2+3+⋯+(□-2)+(□-1)+□
        +□+(□-1)+(□-2)+⋯+3+2+1   (9)

식(9)를 보면, 위와 아래의 수들의 합이 같고 그 값은 □+1이 된다. 그러므로 우리는 ㉠+㉠=(□+1)×□가 되고, 식(6)을 이용하면 2×㉠=(□+1)×□이 되고, ㉠=(□+1)×□÷2가 된다. 따라서 1부터 어떤 자연수 □까지의 합은 (□+1)×□÷2가 된다.

4. 결론

이 연구에서 나는 1부터 어떤 자연수 □까지의 합이 (□+1)×□÷2로 계산된다는 것을 알아냈다. 예를 들어 1부터 100까지의 합은 □에 100을 넣으면 되므로, (100+1)×100÷2=5050이 된다. 이 공식은 1부터 어떤 큰 자연수까지의 합을 순식간에 구할 수 있는 획기적인 방법이다.

참고문헌

[1] 더하기 기호 (+)는 이탈리아의 레오나르도 피사도가 1300년경 처음으로 사용했다. 라틴어로 '~과'라는 단어가 et이기 때문에 et라고 사용했으며, 이를 간략하게 쓰는 과정에서 +가 되었다고 한다.

GAME 1 개념 정리 QUIZ 정답

1. 5의 배수는 5, 10, 15, 20, …이므로 간격이 5인 같은 간격 수 뛰기이다.

2. 예를 들어, 같은 간격 수 뛰기 1, 4, 7, 10, 13, 16, …을 보자. 이웃하는 세 수를 1, 4, 7로 택하면 4의 2배는 8이고, 1+7=8이다. 이웃하는 수를 4, 7, 10으로 택하면 7의 2배는 14이고 4+10=14이다. 즉, 같은 간격 수 뛰기에서 이웃하는 세 수 중 가운데 수의 2배는 다른 두 수의 합과 같다.

3. 같은 간격 수 뛰기이다. 100그램을 킬로그램으로 고치면 0.1킬로그램이다. 이 사람의 처음 몸무게를 30킬로그램이라고 하면 다음 날은 30.1킬로그램, 그 다음 날은 30.2킬로그램, 그다음 날은 30.3킬로그램이 된다. 즉 이 사람의 몸무게를 나열하면 30, 30.1, 30.2, 30.3, …이 되어 간격이 0.1킬로그램인 같은 간격 수 뛰기를 한다.

GAME 2 개념 정리 QUIZ 정답

1. 비율이 3인 같은 비율 수 뛰기이므로, 324 다음 수는 324×3=972이다.

2. 같은 비율 수 뛰기 3, 6, 12, 24, 48, …을 보자. 이웃한 세 수를 3, 6, 12로 택하면 6×6=3×12이고, 이웃한 세 수를 6, 12, 24로 택하면 12×12=6×24의 규칙이 성립한다. 즉, 이웃하는 세 수 중 가운데 있는 수와 그 수와의 곱은 다른 두 수의 곱과 같다.

3. 첫 번째 유리창을 통과한 후 소리의 크기는 $32 \times \frac{1}{2} = 16$이 되고, 두 번째 유리창을 통과한 후 소리의 크기는 $32 \times \frac{1}{2} \times \frac{1}{2} = 8$이 되고, 세 번째 유리창을 통과한 후 소리의 크기는 $32 \times \frac{1}{2} \times \frac{1}{2} \times \frac{1}{2} = 4$가 된다. 마지막으로, 네 번째 유리창을 통과한 후 소리의 크기는 $32 \times \frac{1}{2} \times \frac{1}{2} \times \frac{1}{2} \times \frac{1}{2} = 2$가 된다.

GAME 3 개념 정리 QUIZ 정답

1. 이웃하는 두 수의 차를 써 보면 6과 4의 차는 2, 10과 6의 차는 4, 16과 10의 차는 6이다. 그러므로 □와 16의 차는 8이 되어야 한다. 즉 □는 16보다 8 큰 수인 24이다.

2. 1, 0.5, $\frac{1}{3}$, 0.25, □, …를 모두 분수로 바꾸면 1, $\frac{1}{2}$, $\frac{1}{3}$, $\frac{1}{4}$, □, … 이 되므로 □는 분수로는 $\frac{1}{5}$이고, 이를 소수로 나타내면 0.2가 된다.

3. 차례대로 조사해 보자. 우선 선분 한 개, 두 개, 세 개, 네 개인 경우 가장 많은 점에서 만나도록 선분을 그리면 다음과 같다.

선분 1개 : 만나는 점의 개수=0

선분 2개 : 만나는 점의 개수=1

선분 3개 : 만나는 점의 개수=3

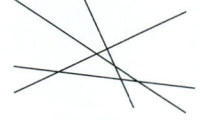

선분 4개 : 만나는 점의 개수=6

즉 선분에 개수가 하나씩 늘어남에 따라 만나는 점의 개수는 0, 1, 3, 6으로 변한다. 0과 1의 차이는 1, 1과 3의 차이는 2, 3과 6의 차이는 3이므로 선분 다섯 개를 그었을 때는 만나는 점의 개수는 6보다 4 큰 수인 10개이다.

GAME 4 개념 정리 QUIZ 정답

1. 3개의 1, 1개의 3, 1개의 2, 1개의 1, 1개의 3, 1개의 2, 2개의 1이므로 3113121113122 1이다.

2. 5는 다음과 같이 나타낼 수 있다.

5
4+1
3+2
3+1+1
2+2+1
2+1+1+1
1+1+1+1+1 따라서 5에 대한 분할 수는 7이다.

3. 6은 다음과 같이 쓸 수 있다.

6
5+1
4+2
4+1+1
3+3
3+2+1
3+1+1+1
2+2+2
2+2+1+1
2+1+1+1+1
1+1+1+1+1+1 따라서 6에 대한 분할 수는 11이다.

GAME 5 개념 정리 QUIZ 정답

1. 한 자리 수의 자리 수의 합은 그 수 자신이다. 그 수는 그 수 자신으로 나누어떨어지므로 한 자리 수는 항상 큰 기쁨 수이다.

2. 7→22→11→34→17→52→26→13→40→20→10→ 5→16→8→4→2→1

3. 19에서
1×1+9×9=82이고,
8×8+2×2=68이고,
6×6+8×8=100이고,
1×1+0×0+0×0=1이므로 19는 행복수이다.

GAME 6 개념 정리 QUIZ 정답

1.
1+2+3+4+5=15
2+3+4+5+15=29
3+4+5+15+29=56
이므로 앞의 다섯 개의 수를 더하면 그다음 수가 나온다. 이 수 뛰기를 펜타나치 수 뛰기라고 부른다.

2. 소수는 약수의 개수가 2개인 수를 말한다. 그러므로 100보다 작은 피보나치 수 중 소수를 써 보면, 2, 3, 5, 13, 89가 된다.

3. 각각의 알파벳에 번호를 붙인다.
I a m g l o b a l s t e w a r d e s s
1 2 3 4 5 6 7 8 9 10 11 12 13 14 15 16 17 18 19
M y h o p e i s e x t r e m e s p o r t s
20 21 22 23 24 25 26 27 28 29 30 31 32 33 34 35 36 37 38 39 40
I s o m e t i m e s p l a y r e c o r d e r
41 42 43 44 45 46 47 48 49 50 51 52 53 54 55 56 57 58 59 60 61 62

이중 피보나치 수에 해당되는 알파벳만 모으면
1 2 3 5 8 13 21 34 55
I a m l a w y e r
따라서 나의 직업은 변호사 (lawyer)이다.

GAME 7 개념 정리 QUIZ 정답

1. 1.618을 분수로 고치면 $\dfrac{1618}{1000}$이 된다. 분모와 분자를 약분해 기약분수로 쓰면 $\dfrac{809}{500}$이 된다.

2. 계산기를 이용해 계산하면 1.618이 된다.
1÷1.618+1=1.618

3. 이 수 뛰기는 분수들 $\dfrac{1}{1}, \dfrac{1}{2}, \dfrac{2}{2}, \dfrac{1}{3}, \dfrac{2}{3}, \dfrac{3}{3}, \dfrac{1}{4}, \dfrac{2}{4}, \dfrac{3}{4}, \dfrac{4}{4},$ …에서 분자, 분모를 차례로 쓴 수들이다.

수학 교과서 속 용어 정리 & 찾아보기

[수열] 30쪽부터 계속

수들이 일정한 규칙에 따라 나열되어 있는 것을 수열이라고 한다.

관련 용어 : 수 뛰기

[등차수열] 30쪽, 118쪽

이전 항에 차례로 일정한 값을 더하여 만들어진 수열, 이웃하는 두 수 사이의 간격이 같다.

관련 용어 : 같은 간격 수 뛰기

[등비수열] 41쪽

이웃하는 두 수 사이의 비가 같다. 첫째항부터 차례로 일정한 수를 곱하여 그 다음 항이 얻어지는 수열을 등비수열이라 하고, 그 일정한 수를 공비라고 한다.

관련 용어 : 같은 비율 수 뛰기, 차이가 같은 비율 수 뛰기를 하는 수 뛰기

[계차수열] 53쪽

계차수열이란 인접하는 두 항의 차로 이루어진 수열을 말한다. 수열에서 항과 그 바로 앞의 항의 차를 계차(difference, 階差)라고 하며, 이 계차들로 이루어진 수열을 계차수열이라고 한다. 이 책 속에서처럼 어떤 수 뛰기에서 이웃하는 두 수의 차이가 같은 간격 수 뛰기를 하는 수 뛰기로 이해하면 쉽다.

관련 용어 : 차이가 같은 간격 수 뛰기를 하는 수 뛰기

수학 교과서 속 용어 정리 & 찾아보기

[조화수열]　　　　　　　　　　　　　　　　　　　　　　　　75쪽

각 항의 역수로 이루어진 수열이 등차수열을 이루는 수열을 조화수열이라 한다. 이 책에서는 역수가 같은 간격 수 뛰기를 하는 수 뛰기를 조화 수 뛰기로 설명했다.

관련 용어 : 조화 수 뛰기

[가우스]　　　　　　　　　　　　　　　　　　　　　　　　　118쪽

19세기 최대의 수학자라고도 불리는 가우스는 독일(당시는 신성 로마제국)의 수학자이자 물리학자, 천문학자이다. 말을 배우기 전부터 계산부터 했을 정도로 신동이었다. 10살 때, 수업 시간에 1부터 100까지의 자연수를 모두 더하라는 문제를 선생님이 놀랄 만큼 빨리, 자기만의 공식을 만들어 계산했다는 일화는 꽤 잘 알려져 있다. 사라진 행성 세레스를 찾아낸 가우스의 최소제곱법은 현대 통계학의 기초를 마련하기도 했다. 최소제곱법은 원래 자료와의 오차가 가장 적은 값을 구하는 방법이다. 이 최소제곱법으로 갑자기 사라진 행성 세레스의 위치를 다시 찾아냈고, 이 일로 괴팅겐 천문대장이 되었다.

관련 용어 : 수 뛰기, 수열, 등차수열, 등차수열의 합 공식

[랭포드수열]　　　　　　　　　　　　　　　　　　　　　　　71쪽

1과 1 사이에는 1이 아닌 다른 수가 1개 올 수 있고, 2와 2 사이에는 2가 아닌 다른 수가 2개, 3과 3 사이에는 3이 아닌 다른 수가 3개 올 수 있게 하는 식의 규칙에 의해 수를 나열한 것을 말한다. 스코틀랜드의 수학자 듀들리 랭포드(C. Dudley Langford)가 아들이 가지고 놀던 컬러블록의 배열을 보고 찾아낸

수학 교과서 속 용어 정리 & 찾아보기

규칙을 정리해 발표한 것이다.
관련 용어 : 랭포드 수, 랭포드 문제(Langford problem), 랭포드 배열(Langford paring)

[레오나르도 피보나치] 91쪽

레오나르도 피보나치(1170~1250)는 이탈리아의 수학자로 이집트, 시리아, 그리스, 시칠리아 등의 나라를 여행하며 아라비아에서 발전된 수학을 두루 섭렵했다. 그리고 이를 유럽인들에게 소개하여 유럽 여러 나라의 수학을 발전시키는 데 영향을 끼쳤다. 특히 아라비아 숫자를 유럽에 보급시킨 것으로 유명하다.
관련 용어 : 피보나치 수, 피보나치 수열, 황금비

[피보나치수열] 91쪽

피보나치수열이란 앞선 두 수의 합이 그다음 수가 되는 수의 나열을 피보나치수열이라고 한다. 이 수열을 처음 소개한 사람의 이름에서 따 왔다.
관련 용어 : 피보나치 수 뛰기

[트리보나치수열] 97쪽

앞선 세 수의 합이 바로 그다음 수가 되는 수의 나열을 트리보나치수열이라고 한다. 3을 뜻하는 트리(tri-)와 피보나치의 이름이 합쳐진 용어이다.
관련 용어 : 트리보나치 수 뛰기

수학 교과서 속 용어 정리 & 찾아보기

[테트라보나치수열]   97쪽

앞선 네 수의 합이 바로 그다음 수가 되는 수의 나열을 테트라보나치수열이라고 한다. 4를 뜻하는 테트라(tetra-)와 피보나치의 이름이 합쳐진 용어이다.
관련 용어 : 테트라보나치 수 뛰기

[보고 말하기 수열]   66쪽

나열된 수들을 보고 수가 몇 개인지를 말하는 수열을 보고 말하기 수열(look and say sequence)라고 하다. 베르나르 베르베르가 쓴 유명한 소설 『개미』에 등장해 '개미수열'로도 불린다.
관련 용어 : 보고 말하기 수, 개미수열

[분할 수]   69쪽

어떤 자연수를 자연수들의 합으로 나타내거나 자기 자신으로 나타내는 방법의 수

[비]   43쪽

두 수의 양을 기호 :을 사용하여 나나낸 것을 '비'라고 한다. 어떤 모둠에서 남학생이 5명, 여학생이 3명일 때 남학생 수와 여학생 수를 비교하는 것을 5:3으로 나타내고 이것을 '5와 3의 비'라고 말한다. 비에서 앞에 오는 수를 '비교하는 양', '뒤에 오는 수를 '기준량'이라고 한다.

135

수학 교과서 속 용어 정리 & 찾아보기

[비율]　43쪽

(비교하는 양)을 (기준량)으로 나눈 값, 즉 (비교하는 양)/(기준양)을 비의 값 또는 비율이라고 한다. 따라서 비율을 구할 때 기준량이 바뀌면 비율도 바뀐다. 비율은 분수뿐만 아니라 소수로도 쓸 수 있다.
관련 용어 : 비, 백분율, 비의 값

[백분율]　45쪽

기준량을 100으로 할 때 비교하는 양을 백분율이라고 한다. 백분율은 기호 %를 사용하여 나타내고, 퍼센트라고 읽는다. 기준량과 비교하는 양이 다른 비율을 기준량을 100으로 하는 분수로 나타낸 후 백분율로 나타내 비교한다. 할인율, 시청률, 이자율, 판매율, 이익률, 성분의 함량 등 실생활에서 백분율은 다양한 곳에 쓰이고 있다.
관련 용어 : 비, 비율, 비의 값

[속력]　36쪽

거리를 시간으로 나눈 값, 즉 단위 시간에 간 평균 거리를 속력이라고 말한다. 단위는 시속 km/시, 분속 m/분, 초속 m/초 등으로 나타낸다.
관련 용어 : 비, 비율, 초속, 분속, 시속, 이동 거리, 단위 시간

[삼각수]　56쪽

차례로 점을 찍어 정삼각형 모양의 배열을 만들어 나갈 때, 각각의 정삼각형

수학 교과서 속 용어 정리 & 찾아보기

모양을 이루는 점의 개수를 삼각수라고 한다. 1, 3, 6, 10, 15, 21, 28, … 등이다. 삼각수는 차이가 같은 간격 (간격=1)인 수 뛰기를 한다.
관련 용어 : 도형수, 피타고라스

[사각수]   56쪽

차례로 점을 찍어 정사각형 모양의 배열을 만들어 나갈 때, 각각의 정사각형 모양을 이루는 점의 개수를 사각수라고 한다. 사각수는 차이가 같은 간격 (간격=2)인 수 뛰기를 한다.
관련 용어 : 도형수, 피타고라스

[콜라츠 추측]   82쪽

어떤 자연수부터 시작해서 짝수면 2로 나누고, 홀수면 3배를 곱해 1을 더하는 과정을 계속하면 모든 자연수는 이 과정을 통해 항상 1이 된다는 성질

[큰 기쁨 수]   85쪽

각 자리 수의 합으로 나누어떨어지는 수. 하샤드 수, 니번 수라고도 불린다.

[피타고라스]   56쪽

피타고라스는 그리스 사모스 섬 출신의 유명한 수학자이자 철학자, 천문학자, 음악이론가이다. 우리에게는 '피타고라스의 정리'로도 익숙한 피타고라스는

수학 교과서 속 용어 정리 & 찾아보기

살아 있는 동안 이미 너무나도 유명했던 전설적인 인물이었다.
관련 용어 : 삼각수, 사각수, 도형수, 황금비, 피타고라스의 정리

[피타고라스의 정리] 56쪽

직각삼각형에서 직각을 끼고 있는 밑변의 제곱과 높이의 제곱을 더한 값은 빗변의 제곱과 같다. 고대 그리스의 철학자이자 수학자인 피타고라스가 최초로 증명하여 '피타고라스의 정리'라는 이름이 붙었다. 피타고라스의 정리를 확인하는 방법은 여러 가지가 있다. 유클리드의 방법, 피타고라스의 방법, 바스카라의 방법, 가필드의 방법 등이 그것이다.

[황금비] 106쪽

피보나치 수 뛰기에서 앞의 수로 뒤의 수를 나누면 어떤 일정한 값에 가까워지는 데 그 일정한 값을 황금비라 부른다. 황금비를 소수점 셋째 자리까지 쓰면 약 1.618이다. 또 황금비는 한 선분의 분할로도 정의할 수 있는데, 한 선분을 두 부분으로 나눌 때 전체(긴 부분+짧은 부분)에 대한 긴 부분의 비와 긴 부분에 대한 짧은 부분의 비를 만족하는 분할의 비를 말한다. 즉, (짧은 부분):(긴 부분)=(긴 부분):(긴 부분)+(짧은 부분)으로 약 1.618:1이다.
관련 용어 : 피보나치 수 뛰기, 황금 분할

수학 교과서 속 용어 정리 & 찾아보기

[함수]

두 집합의 대응 관계를 함수라고 하는데, 어떤 재료를 넣어 새로운 값을 만드는 것을 함수라고 생각하면 된다. 함수는 관계의 수학이다. 동전을 넣고 버튼을 누르면 음료수가 나오는 자판기, 사용하는 시간에 따라 달라지는 휴대폰 요금 등에 함수의 원리가 적용되고 있다.

어떤 재료를 넣으면 그 재료를 새로운 것으로 만드는 결과가 나온다. 초등학교나 중학교에서 배우는 함수에는 한 번에 하나의 재료만 들어가는데, 자판기를 예로 들어보면 이해가 쉽다. 첫 번째 버튼을 누르면 콜라가 나오고, 두 번째 버튼을 누르면 오렌지 주스가 나오는 것이 함수의 좋은 예이다.

관련 용어 : 규칙성, 규칙 찾기, 규칙과 대응

중학교에서도 통하는 초등수학
개념 잡는 수학툰
❶ 규칙 찾기에서 피보나치의 수열까지

ⓒ 정완상, 2021

초판 1쇄 발행 2021년 9월 23일
초판 2쇄 인쇄 2022년 12월 26일

지은이	정완상
그림	김민
펴낸이	이성림
펴낸곳	성림북스

책임편집	강현옥
디자인	윤주열

출판등록	2014년 9월 3일 제25100-2014-000054호
주소	서울시 은평구 연서로3길 12-8, 502
대표전화	02-356-5762
팩스	02-356-5769
이메일	sunglimonebooks@naver.com

ISBN	979-11-88762-22-4 (74410)
	979-11-88762-21-7 (set)

◆ 책값은 뒤표지에 있습니다.
◆ 이 책의 판권은 지은이와 성림북스에 있습니다.
◆ 이 책의 내용 전부 또는 일부를 재사용하려면 반드시 양측의 서면 동의를 받아야 합니다.